精品课程新形态教材
21世纪应用型人才培养“十四五”规划教材
“双创”型人才培养优秀教材

KUAIJI FENGANG SHIJIAN ZHIDAO JIAOCHENG

会计分岗实践指导教程

（修订版）

主编　颜强华　侯轶婕　刘聪聪

湖南师范大学出版社 | 国家一级出版社 全国百佳图书出版单位
·长 沙·

图书在版编目（CIP）数据

会计分岗实践指导教程 / 颜强华，侯铁婕，刘聪聪主编 .—长沙：湖南师范大学出版社，2015.8（2024.1 重印）

ISBN 978-7-5648-2231-6

Ⅰ.①会… Ⅱ.①颜… ②侯… ③刘… Ⅲ.①会计实务-教材 Ⅳ.①F23

中国版本图书馆 CIP 数据核字（2015）第 189167 号

会计分岗实践指导教程

KUAIJI FENGANG SHIJIAN ZHIDAO JIAOCHENG

颜强华　侯铁婕　刘聪聪　主编

◇全程策划：林　川
◇组稿编辑：杨海云
◇责任编辑：黄　晴
◇责任校对：欧　洋
◇出版发行：湖南师范大学出版社
地址/长沙市岳麓山　邮编/410081
电话/0731- 88872751
网址/https：//press. hunnu. edu. cn
◇经　　销：全国新华书店
◇印　　刷：涿州汇美亿浓印刷有限公司

◇开　　本：787mm×1092mm　1/16
◇印　　张：12. 75
◇字　　数：285 千字
◇版　　次：2015 年 8 月第 1 版
◇印　　次：2024 年 1 月第 3 次印刷
◇书　　号：ISBN 978-7-5648-2231-6
◇定　　价：34. 00 元

（教学资料包索取电话：刘老师 13269653338）

《会计分岗实践指导教程》编委会

主　编：颜强华　侯轶婕　刘聪聪

主　审：郭福琴　杨宏丽

前　言

全面贯彻和落实党的二十大精神，坚持立德树人，以培养经管类专业高级应用型人才为目标，服务于地方经济社会高质量发展。

会计实践一直是会计电算化专业学生理论与实践结合必不可少的环节，经济管理系根据多年承办会计专业的历史和经验，在会计教学实践方面进行各种尝试，以解决会计电算化专业的实践问题，几年来，我们制定了“零距离”的专业培养目标，从课程设置、实践内容、手段、方法等方面进行尝试和改革。2011 年起，经济管理系会计专业组与安顺永成会计师事务所、东方会计师事务所、金星王啤酒有限公司等企业行业在共同实施“*S—ESE*”人才培养模式过程中，按照会计电算化专业岗位群职业能力要求和拓展素质要求，根据各行业会计岗位的实践要求和专业调研，对会计电算化专业课程体系进行整合，以行业企业单位会计专业各岗位的工作任务和职业能力分析为依据，实现岗位标准与岗位教学目标对接，岗位工作内容与教学内容对接，岗位工作流程与岗位教学流程对接，工作岗位考核与岗位教学考核对接，确定课程目标，设计课程内容，以工作任务为线索，以职业岗位工作情景为主开发了《岗课对接会计分岗实训》课程并组织教师与本市会计、税务行业专家共同编写了《会计岗位实践指导教材》。

本教材根据最新《企业会计准则》，按照实际工作岗位设置了出纳岗位、资产岗位、销售岗位、应付职工薪酬岗位、生产成本岗位、经营成果岗位、纳税会计和稽核等八各个岗位进行编写，包括岗位认知、岗位培养标准、岗位工作流程与任务流程、岗位任务技能训练、岗位职业技能考核六大模块。以安顺黄果树创新公司仿真业务为素材，并附上各种原始凭证，让学生不进企业也能进行“上班上岗”的会计业务操作。是一本体系较完整的实践指导教材，通过完成该课程的实践训练，可以实现会计电算化专业毕业生职业能力与就业岗位的职业能力的“零距离”衔接。本教材内容完整，实操性强，适合会计专业学生完成会计理论学习后进行实践训练的指导，也适用于其他财经人员的一本实践参考书，让读者更轻松的胜任会计工作。

在写作过程中，参考了大量国内外专家学者的著作和研究成果，没有这些研究成果本书无法顺利完成，在此特向这些著作和研究成果的作者们致以衷心的感谢！会计分岗实践指导教程是一门实践性很强的学科，需要我们在实践过程中不断总结积累知识和经验。本书由于编写时间较短，加之个人知识和阅历有限，疏漏和不当之处在所难免，敬请专家学者和广大读者批评指。

编　者

目　　录

第一部分　课程设计

一、课程定位

高职会计专业的培养目标是技能应用型人才，就业上岗要能适应会计各岗位工作。传统的会计教学体系主要培养了学生的会计核算能力，没有真正地把岗位工作搬进课堂，学生走上工作岗位时感觉学习与工作实际差距很大，不能较快融入工作。本《会计分岗实践指导教程》课程就是创新岗位课程设计，突破惯有的思维模式，在学生学习专业基础课程《基础会计》《财务人员基本技能》、核心课程《财务会计》《成本会计》之后，开设的一门针对核心特色岗位的实训课程。这门课程体现了岗位标准与岗位教学目标对接，体现了岗位工作内容与岗位教学内容对接，体现了岗位工作流程与岗位教学流程对接，体现了岗位工作考核与岗位教学考核对接，体现了基于工作过程的会计岗位实训教学的前沿性，实现了工作岗位进入课堂的突破，真正达到了学生毕业就能胜任会计各岗位工作的目标。

二、课程设计理念

本课程设计的理念是从企业对会计人才需求的角度出发，详细到各会计岗位认知、工作标准、工作任务、工作流程以及技能训练等角度设计教学目标，打破了传统会计实训教材单纯从会计核算角度设计内容的局限性。内容体系设计从基本工作过程出发，以会计工作中实际的岗位分类为出发点，以岗位职业技能需求为切入点，以对会计岗位所要求的工作能力分析为依托，对会计技能知识进行优化整合，将会计工作过程中所要求会做的工作分解、设计成若干个工作任务。以岗位设置和会计工作任务为内容起点，按会计岗位业务构建新的会计实训内容体系，并建立与会计岗位相互对应的实训教学模块，弥补了传统课程重理论、轻实践的缺陷，打破了传统会计实训教材与企业实际岗位相分离的不足，形成一种基于工作岗位过程技能与教学结合的新的教材内容体系。

三、课程整体教学活动实施方案

本课程的设计是以一家公司的组织结构和财务机构内部岗位设置为例。本书的第一部分为课程设计，第二部分为企业基本情况与企业会计岗位认知，第三部分为会计岗位实践，其中每个岗位都包括岗位认知、岗位工作标准、岗位工作任务、岗位工作流程、岗位技能训练五个部分，岗位考核另编习题集。

以岗位导向的形式和任务驱动的设计内容，在每个岗位教学采用五步教学法进行教学，使学生在教学中上岗位，在上岗位中学习专业技能，并加深对岗位技能要求的认识。在每个岗位中通过设置若干个任务，每个任务对应一项岗位技能，并安排了分组实训的内容，使情景与每个技能的结合更加密切，有利于学生掌握岗位技能。

本课程实训的目的是使学生熟悉会计内部岗位设置情况、岗位工作职责、每个岗位所要求的技能以及会计岗位之间票据的相互流转情况。根据各会计岗位工作循环、业务流程的要求进行会计原始凭证的描述、传递、审核与分析，掌握各岗位会计处理的基本知识技能和方法，正确填写与审核原始凭证，出具会计凭证、账簿、报表，使学生在实训中锻炼在会计工作岗位上所必须具备的团队合作能力、业务分析能力、职业判断能力、调查研究能力、职业迁移能力和文字表达能力等。

会计岗位名称及学时表

<table>
<tr><th colspan="2">会计分岗名称</th><th colspan="2">学时</th></tr>
<tr><td colspan="2">出纳岗位</td><td colspan="2">18</td></tr>
<tr><td rowspan="2">资产核算岗位</td><td>存货核算岗位</td><td>14</td><td rowspan="2">20</td></tr>
<tr><td>固定资产核算</td><td>6</td></tr>
<tr><td colspan="2">销售核算岗位</td><td colspan="2">16</td></tr>
<tr><td colspan="2">应付职工薪酬核算岗位</td><td colspan="2">8</td></tr>
<tr><td colspan="2">生产成本核算岗位</td><td colspan="2">16</td></tr>
<tr><td rowspan="3">财务成果核算岗位</td><td>费用核算岗位</td><td colspan="2">6</td></tr>
<tr><td>利润核算岗位</td><td colspan="2">4</td></tr>
<tr><td>财务会计报表岗位</td><td colspan="2">4</td></tr>
<tr><td colspan="2">纳税核算岗位</td><td colspan="2">6</td></tr>
<tr><td colspan="2">会计稽核岗位</td><td colspan="2">6</td></tr>
<tr><td colspan="2">合　计</td><td colspan="2">104</td></tr>
</table>

第二部分　企业基本情况与企业会计岗位认知

一、企业概况

公司名称：安顺市黄果树新创公司
公司地址：安顺市黄果树城南路188号
公司注册资金：500万元
公司经营范围：生产甲、乙两种产品；销售甲、乙两种产品
法人代表：王天一
开户银行：中国工商银行安顺黄果树支行　行号3703
银行账号：583-803366
税务登记号：520423631112295
联系电话：0853-33765606
公司为增值税一般纳税人，生产甲、乙两种产品。

二、公司组织结构及公司会计岗位设置

（一）公司组织结构

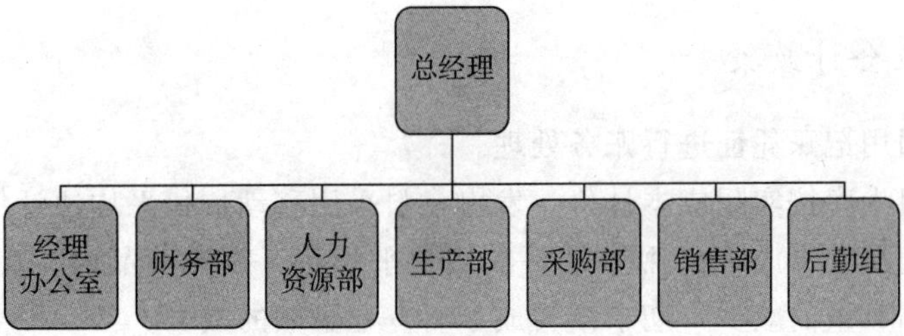

公司设经理办公室、财务部、人力资源部、采购部、销售部、后勤组、生产部（一个基本生产车间，二个辅助生产车间），其中经理办公室、财务部、人力资源部、采购部、销售部、后勤组统称为行政管理部门，生产部、生产车间统称为生产部门。

（二）公司会计岗位设置

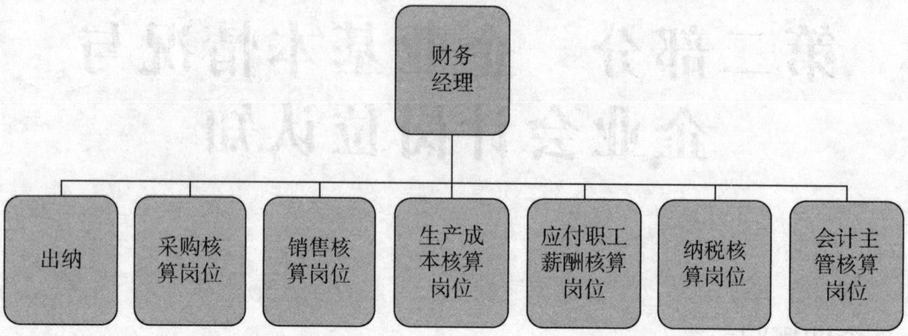

公司财务部共有会计人员 8 人。

（1）财务部经理：赵红艳　负责组织和领导公司系统内财务人员开展财务管理和财务分析工作；负责税务协调，配合银行、税务、检查和审计工作等。

（2）会计主管：朱刚　负责费用审核、经营成果核算、编制会计报表工作。

（3）出纳：陈婷　负责公司的货币资金核算、现金日记账和银行存款日记账的登记等。

（4）采购核算员：负责原材料、周转材料、固定资产的采购、收发、领退等日常业务的记账凭证及明细账的登记等；定期对固定资产进行核对，做到账、卡、物相符，参与固定资产清查盘点业务等。

（5）销售核算员：负责核定已销售商品产品价格，及时核对各用户单位往来账，按月编制有关报表等。

（6）生产成本核算员：负责成本费用的归集、分配和计算业务，并填写相关记账凭证和明细账等。

（7）应付职工薪酬核算员：负责工资和各种奖金的发放等。

（8）纳税核算员：王斌　负责登记各项税务报表及附表，办理纳税申报业务等。

（三）企业会计政策

（1）使用通用记账凭证进行账务处理。

（2）原材料入库按实际成本计价，发出材料采用移动加权平均法计价。

（3）库存商品发出成本采用全月一次加权平均法。销售商品时，库存商品明细账只登记销售产品数量的减少，期末结转成本时登记金额的减少。

（4）固定资产采用平均年限法计提折旧，无形资产摊销采用直线法。

（5）坏账准备按年末应收账款余额的 0.5%计提。

（6）原始凭证由企业单位负责人签字后，到财务处报销。

（7）车间产品成本核算采用品种法。

（8）出纳收到转账支票去银行办理业务，款项当天进账。

（9）库存现金限额：20 000.00 元。

（10）现金折扣政策：1/10、0.5/20、N/30。

（11）增值税税率为13％；外购货物取得的运输专用发票按9％计算进项税额；城市维护建设税：按应缴增值税的7％计算缴纳；教育费附加：按应缴增值税的3％计算缴纳；地方教育费附加：按应缴增值税的2％计算缴纳；企业所得税：按季预缴，年度汇算清缴，应纳税所得额100万以下5％，100万—300万10％，300万以上按25％计算缴纳。

第三部分　会计岗位实践

第一章　出纳岗位

一、出纳岗位认知

出纳工作，好像很简单，不过是收收款，数数钱，填写与审核原始单据，跑跑银行等小事情，事实上当你去应聘一个企业出纳岗位时，就知道企业单位要求很高了。它要求具有良好的会计职业道德，坚持出纳工作原则，维护财经纪律，对企业有较强的责任感；执行国家相关规定和法律法规，依法办事；能熟练进行现金收付、银行结算、货币资金核算及管理、日记账登记、对账等工作的处理程序及业务办理。

二、出纳岗位工作标准

（一）《现金管理暂行条例》（节选）

第一条　为改善现金管理，促进商品生产和流通，加强对社会经济活动的监督，制定本条例。

第二条　凡在银行和其他金融机构（以下简称开户银行）开立账户的机关、团体、部队、企业、事业单位和其他单位（以下简称开户单位），必须依照本条例的规定收支和使用现金，接受开户银行的监督。

国家鼓励开户单位和个人在经济活动中，采取转账方式进行结算，减少使用现金。

第三条　开户单位之间的经济往来，除按本条例规定的范围可以使用现金外，应当通过开户银行进行转账结算。

第四条　各级人民银行应当严格履行金融主管机关的职责，负责对开户银行的现金管理进行监督和稽核。

开户银行依照本条例和中国人民银行的规定，负责现金管理的具体实施，对开户单位收支、使用现金进行监督管理。

第五条 开户单位可以在下列范围内使用现金：

(1) 职工工资、津贴；

(2) 个人劳务报酬；

(3) 根据国家规定颁发给个人的科学技术、文化艺术、体育等各种奖金；

(4) 各种劳保，福利费用以及国家规定的对个人的其他支出；

(5) 向个人收购农副产品和其他物资的价款；

(6) 出差人员必须随身携带的差旅费；

(7) 结算起点以下的零星支出；

(8) 中国人民银行确定需要支付现金的其他支出。

前款结算起点定为1 000元。结算起点的调整，由中国人民银行确定，报国务院备案。

第六条 除本条例第五条第（五）、（六）项外，开户单位支付给个人的款项，超过使用现金限额的部分，应当以支票或者银行本票支付；确需全额支付现金的，经开户银行审核后，予以支付现金。

前款使用现金限额，按本条例第五条、第二款的规定执行。

第七条 转账结算凭证在经济往来中，具有同现金相同的支付能力。

开户单位在销售活动中，不得对现金结算给予比转账结算优惠待遇；不得拒收支票、银行汇票和银行本票。

第八条 机关、团体、部队、全民所有制和集体所有制企业事业单位购置国家规定的专项控制商品，必须采取转账结算方式，不得使用现金。

第九条 开户银行应当根据实际需要，核定开户单位3天至5天的日常零星开支所需的库存现金限额。

边远地区和交通不便地区的开户单位的库存现金限额，可以多于5天，但不得超过15天的日常零星开支。

第十条 经核定的库存现金限额，开户单位必须严格遵守。需要增加或者减少库存现金限额的，应当向开户银行提出申请，由开户银行核定。

第十一条 开户单位现金收支应当依照下列规定办理：

(1) 开户单位现金收入应当于当日送存开户银行。当日送存确有困难的，由开户银行确定送存时间；

(2) 开户单位支付现金，可以从本单位库存现金限额中支付或者从开户银行提取，不得从本单位的现金收入中直接支付（即坐支）。因特殊情况需要坐支现金的，应当事先报经开户银行审查批准，由开户银行核定坐支范围和限额。坐支单位应当定期向开户银行报送坐支金额和使用情况；

(3) 开户单位根据本条例第五条和第六条的规定，从开户银行提取现金，应当写明用途，由本单位财会部门负责人签字盖章，经开户银行审核后，予以支付现金；

(4) 因采购地点不固定，交通不便，生产或者市场急需，抢险救灾以及其他特殊情况必须使用现金的，开户单位应当向开户银行提出申请，由本单位财会部门负责人签字盖章，经开户银行审核后，予以支付现金。

第十二条 开户单位应当建立健全现金账目，逐笔记载现金支付。账目应当日清月结，账款相符。

第十三条　对个体工商户、农村承包经营户发放的贷款，应当以转账方式支付。对确需在集市使用现金购买物资的，经开户银行审核后，可以在贷款金额内支付现金。

第十四条　在开户银行开户的个体工商户、农村承包经营户异地采购所需货款，应当通过银行汇兑方式支付。因采购地点不固定，交通不便必须携带现金的，由开户银行根据实际需要，予以支付现金。

未在开户银行开户的个体工商户、农村承包经营户异地采购所需货款，可以通过银行汇兑方式支付。凡加盖“现金”字样的结算凭证，汇入银行必须保证支付现金。

第十五条　具备条件的银行应当接受开户单位的委托，开展代发工资、转存储蓄业务。

第十六条　为保证开户单位的现金收入及时送存银行，开户银行必须按照规定做好现金收款工作，不得随意缩短收款时间。大中城市和商业比较集中的地区，应当建立非营业时间收款制度。

第十七条　开户银行应当加强柜台审查，定期和不定期地对开户单位现金收支情况进行检查，并按规定向当地人民银行报告现金管理情况。

第十八条　一个单位在几家银行开户的，由一家开户银行负责现金管理工作，核定开户单位库存现金限额。

各金融机构的现金管理分工，由中国人民银行确定。有关现金管理分工的争议，由当地人民银行协调、裁决。

第十九条　开户银行应当建立健全现金管理制度，配备专职人员，改进工作作风，改善服务设施。现金管理工作所需经费应当在开户银行业务费中解决。

（二）银行结算方式

银行结算方式主要有：银行汇票、银行本票、商业汇票、支票、汇兑、托收承付、委托收款等。

（1）银行汇票：银行汇票是汇款人将款项交存当地银行，由出票银行签发，由其在见票时按照实际结算金额无条件支付给收款人或者持票人款项的票据。适用：先收款后发货或钱货两清的商品交易，单位和个人均适用。

（2）银行本票：银行本票是申请人将款项交存银行，由银行签发凭以办理转账或提取现金的一种票据。适用：银行本票适用于同一票据交换区域需要支付各种款项的单位和个人。分类：按照金额是否固定可以分为不定额和定额两种。

（3）商业汇票：商业汇票是出票人签发的，委托付款人在指定日期无条件支付确定金额给收款人或者持票人的票据。使用商业汇票必须要有真实的交易关系或债权债务关系。商业汇票的付款期限由交易双方商定，最长不超过6个月。商业汇票的提示付款期限自商业汇票到期日起10日内。分类：按承兑人划分，可以分为商业承兑汇票和银行承兑汇票。特点：①适用范围相对较窄：只适用于企业之间先发货后收款或双方约定延期付款的商品交易。②使用对象相对较少：使用对象条件一是要在银行开立账户，二是要具有法人资格。③必须经过承兑。④未到期的商业汇票可以到银行办理贴现。⑤同城、异地都可以使用，而且没有结算起点的限制。

（4）支票：支票是出票人签发的，委托办理支票存款业务的银行在见票时无条件支付确定的金额给收款人或持票人的票据。支票的提示付款期限为10天，超过提示付款期限的，持票人开户银行不予受理，付款人不予付款。分类：现金支票和转账支票。功能：现金支票只能提取现金，转账支票不能提取现金，只能用于转账。

（5）汇兑：汇兑是汇款人委托银行将款项汇给外地收款人的结算方式。分类：信汇和电汇。

（6）托收承付：托收承付是根据购销合同由收款人发货后，委托银行向异地付款人收取款项，由付款单位向银行承认付款的结算方式。适用：有合法的商品交易，以及因商品交易而产生的劳务供应的款项。适用于国有企业、供销合作社以及经营管理较好，并经开户银行审查同意的城乡集体所有制企业。代销、寄销、赊销商品的款项不得办理托收承付结算。托收承付结算每笔的金额起点为10 000元，新华书店系统每笔的金额起点为1 000元。

（7）委托收款：委托收款是收款人委托银行向付款人收取款项的结算方式。分类：邮寄和电报划回。适用：同城和异地结算不受金额起点限制。

（三）《企业资金管理制度》

第一条 费用审批部分

（1）执行“一支笔”审批制度。财务部按授权人签字认可。若授权人因故离岗2天以上者，务必事先委托授权代理人。要求将授权代理人签字字样及代理有效期书面报送财务部各室备案，以免影响办理业务。

（2）签章时请严格按公司批准后的预算审核，并请检查所填的需求单，必须写明成本部门名称、代号、费用科目。

（3）预算外开支，一律由各部门另填预算外开支表。原则上除生产急需外，其他不得列人预算外开支。各部门的预算外开支，先报财务部经理批准，再报总经理批准后，方予以办理相关手续。

第二条 财务报销部分

（1）各部门都设有部门备用金供零星购物时周转使用，因此，各部门原则上不能再从财务部借支现金去采购物品，凡经批准允许借支的，一律到财务部司库组领签限期限额空白转账支票。请领签者事先预计好领签张数及限额数；原则上每一次不得超过三单，购物后务必立即将相关发票签（验）收后送交领签处报账。

（2）因公借支差旅费等现金，均需要经财务部经理批准，除职工因病住院可凭住院通知等有效证明申请借款外，其余情况公款一律不准借予私人。外单位因公出差求援性借款，一律由总经理批准，由借款人凭身份证、工作证复印件亲自办理有关手续，各部门不准代为外单位借款。

第三条 物资供应部分

（1）各部门所持经批准的采购需求单，应分别送有关部门负责采购，原则上规定：材料、设备等生产用物资由财务部物资供应室统一采购发放，办公用物品家具用具等由行政部统一采购发放，若因特殊情况需自行办理者，也必须请上述相关部门具体负责人签字同意，否则财务部会计室不予报销。属生产物资，即使自购后，也必须到仓库办理入库及出库手续。违者一经查出即扣发该部门负责人及经办人员当月奖金10%以示警告。

(2) 对进口物资需求更需严格控制，凡不经财务部物资供应室同意擅自办理业务者，请审计部协助不予办理合同签章，财务部拒办一切手续，违者扣发相关人员10%奖金。

(3) 工程用料领用、回收等均遵照公司规定执行。在此重申，凡工程领料必须附工程预算材料定额表，生产用自行车、工具一律凭工具卡到物资供应室领用，原则上限额发放，以旧领新，各部门不得自行购置。

第四条　其他部分

(1) 各类业务退款务必请各相关业务部门提供有效技术鉴定证明或重收款证据等，列明退款原因，由相关业务负责人签字后送财务部相关人员签字方予退款。

(2) 固定资产及视同固定资产管理的各类仪器仪表，由各使用部门登记管理，各技术部门修理或拆换必须按规定填报财务部固定资产管理室。若擅自拆换转移，一经查实则追究各使用部门负责人及固定资产管理员的责任。

(四)《企业出纳工作制度》

第一条　做好现金的日常管理及收付工作，保证现金收付的正确性和合法性。

第二条　每天工作日结束前，及时盘点库存现金并与有关报表和凭证进行核对，填写“现金日报表”，做到账实、账表、账证、账账相符。

第三条　严格执行现金管理制度和结算制度，根据公司规定的费用报销和收付款审批手续，办理现金及银行结算业务。对于重大的开支项目，必须经过会计主管人员、公司领导审核签章，方可办理。

第四条　根据审核无误的收、付款原始凭证，办理收付款业务。

第五条　根据账务处理需要，及时将在手单据整理移交会计主管编制记账凭证。配合会计人员做好每月的报税和工资的发放工作；做到及时准确，不得无故延误。

第六条　负责银行账户的日常结算，及时登记银行存款日记账，并做到日清月结，月末与银行核对存款余额，不符时编制“银行存款余额调节表”。

第七条　及时清理账目，督促因公借款人员及时报账，杜绝个人长期欠款。

第八条　出纳员不得兼管收入、费用、债权、债务账簿登记工作以及稽核工作和会计档案保管工作。

第九条　保管好现金、各种印章、空白支票、空白收据及其他证券。对于现金和各种有价证券，要确保其安全和完整无缺，如有短缺，要负责赔偿。对于空白收据和空白支票必须严格管理，专设登记簿登记，认真办理领用注销手续。保险箱密码要保密，保管好钥匙，不得转交他人。

第十条　严格遵守现金管理制度，库存现金不得超过定额，不坐支，不挪用，不得用白条抵顶库存现金，保持现金实存与现金账面一致。

第十一条　负责每月的现金支出计划，分清资金渠道，有计划地领取和支付现金。

第十二条　根据规定和协议，做好应收款工作，定期向主管领导汇报收款情况。

第十三条　及时准确编制记账凭证并逐笔登记总账及明细账，定期上缴各种完整的原始凭证。

第十四条　根据公司领导的需要，编制各种资金流动报表。

三、出纳岗位工作任务

工作任务项目	任务名称	任务描述
任务一	现金收付业务	按照业务要求和规范填制和审核经济业务原始凭证； 完成企业各项现金收入工作； 完成符合现金支付管理规定各项现金支出工作。
任务二	银行存款收付业务	按照业务要求和规范填制和审核经济业务原始凭证； 完成企业银行存款收入工作； 完成银行存款转账支付工作。
任务三	银行支付结算	按照银行相关规定和业务流程，办理各种银行支付结算业务方式。
任务四	登记现金、银行存款日记账	根据企业现金、银行存款收支业务序时登记现金、银行存款日记账，日清月结。
任务五	银行对账及编制余额调节表	月末清查现金、银行存款，保证账账相符、账实相符。

四、出纳岗位工作流程

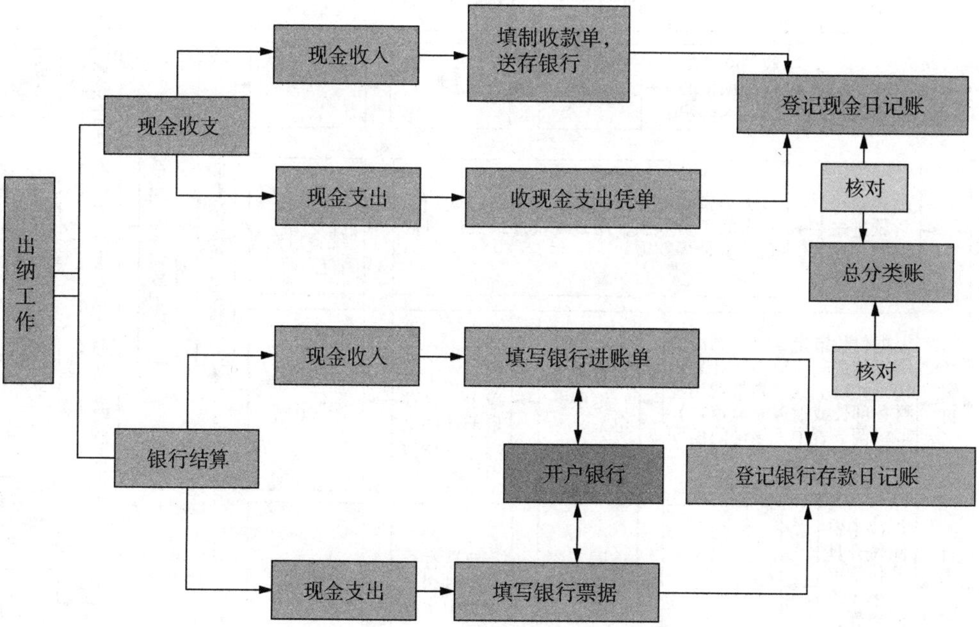

图 1-1　出纳岗位工作流程图

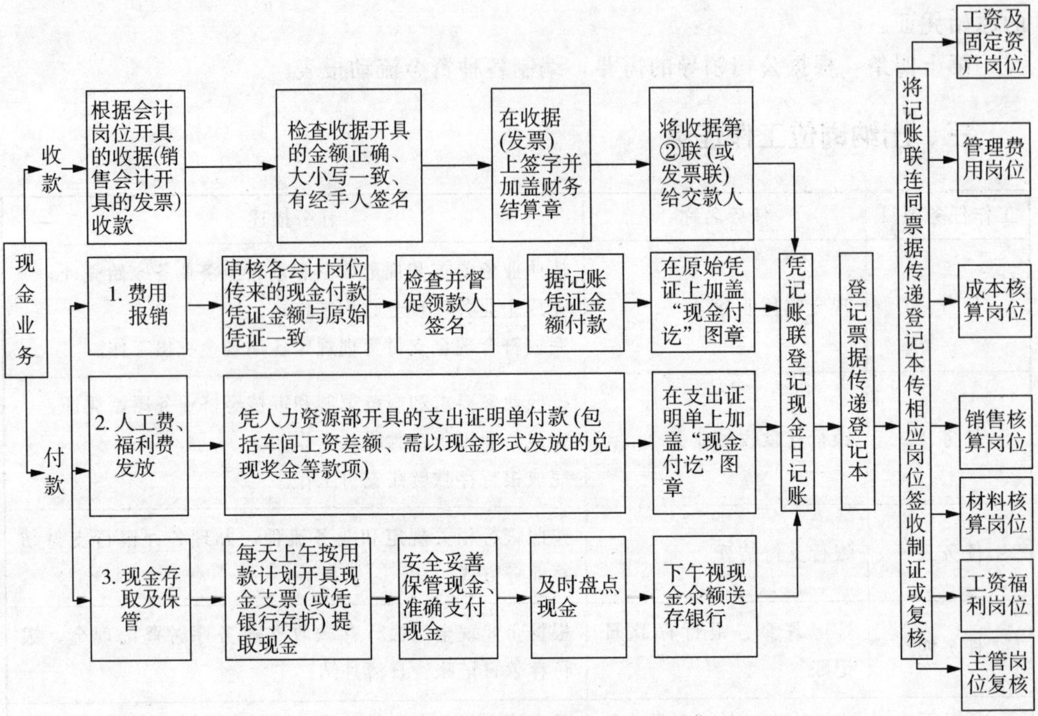

图 1-2　现金收付业务流程图

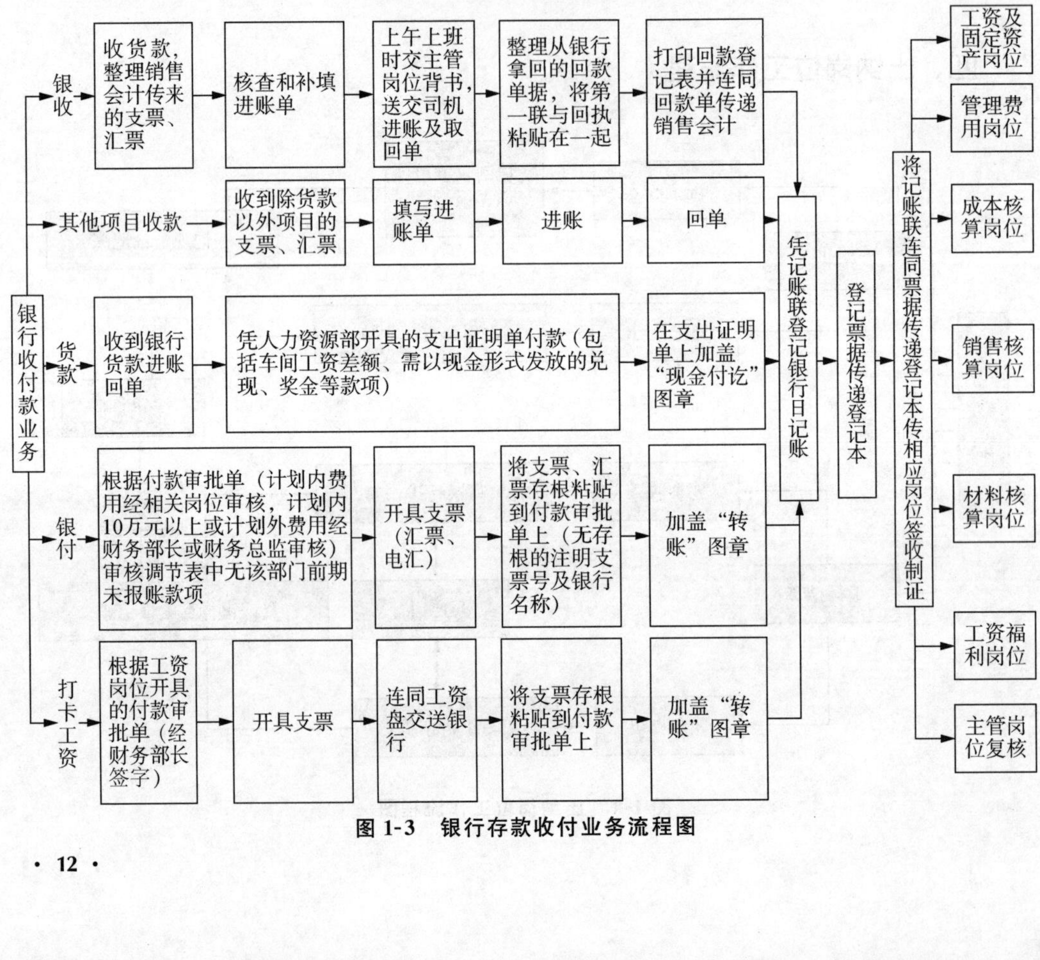

图 1-3　银行存款收付业务流程图

五、出纳岗位技能训练

1. 技能训练目的

通过布置任务的方式结合情景教学，使学生在完成某一项任务的同时学习到有关业务的理论知识及业务办理技能，即将理论知识点和技能操作融于任务教学中。帮助学生熟练掌握办理现金的收付业务、银行存款的结算业务的流程；掌握办理业务的方法与技巧；在业务训练中养成团队的合作精神以及树立作为出纳员为企业各部门及人员提供文明服务的观念。

2. 技能训练要求

（1）认真分析经济业务，填写有关原始凭证。

（2）根据业务需要设置职业岗位，学生分组进行业务办理情景仿真演练。

（3）根据原始凭证编制记账凭证。

（4）登记库存现金日记账、银行存款日记账，日清月结。

（5）编制银行存款余额调节表。

3. 技能训练设计

（1）形式：分组集中实训。

（2）时间：18 学时。

4. 技能训练实训资料

2019 年 6 月月初库存现金余额：2 000 元，银行存款：800 000 元，出纳：王林

任务一　现金收付业务

（1）1 日，签发现金支票，出纳从银行存款账户中提取现金 5 000 元备用。

工作流程：出纳领用、填写现金支票并加盖预留印鉴到银行办理取现金业务；会计填制记账凭证，出纳登记现金日记账。

中国工商银行
现金支票存根
XIV 05162681

附加信息＿＿＿＿＿＿

出票日期　年　月　日

收款人：	
金　额：	
用　途：	

单位主管　　会计

中国工商银行现金支票　XIV 05162680

出票日期（大写）　　年　　月　　日　　付款行名称：
收款人：　　出票人账号：

本支票付款期限十天

人民币（大写）	亿	千	百	十	万	千	百	十	元	角	分

用途＿＿＿＿＿＿
上列款项请从
我账户内支付
出票人签章

复核　　记账

（2）1日，销售科职工王峰赴贵阳开商品展销会，经批准向财务科借差旅费1 000元。

借　款　单

年　　月　　日

部　　门			借款事由		
借款金额	金额（大写）		¥ ____		
批准金额	金额（大写）		¥ ____		
领导签字		财务主管签字		借款人签字	

（3）1日，出纳员将当天的销售款10 000元现金存入银行。（填制银行现金交款单）

中国工商银行现金交款单

年　　月　　日

交款单位	全称		款项来源											
	账号		开户银行											
人民币（大写）			亿	千	百	十	万	千	百	十	元	角	分	
科目（贷） 对方科目（借） 收讫员：　　收款员：　　复核：														

（4）2日，购买笔记本、钢笔等办公用品。

贵州省商品销售统一发票

客户名称及地址：安顺市黄果树新创公司　　　　2019年6月2日 填制

品名规格	单位	数量	单价	金额						
				万	千	百	十	元	角	分
笔记本	本	20	6.00			1	2	0	0	0
钢　笔	支	10	14.80			1	4	8	0	0
合　计					¥	2	6	8	0	0
合计金额（大写）贰佰陆拾捌元整										

第二联 发票

填票人：张琪　　　收款人：王家　　　单位名称（盖章）

52098776754

办公用品领用表

领用部门	领用数量				金额
	笔记本	钢笔			
加工车间	10				60
厂部管理部	10	10			208
合计	20	10			268

（5）2 日，报销销售部门招待费。

贵州省饮食（娱乐）业定额专用发票

发票联

NO：00988

客户名称：安顺市黄果树新创公司

人民币 100 元

收款单位

盖章有效：

（印章：安顺市××饭店　52098788878）

开票人：王大　　收款人：张力　　2019 年 6 月 2 日

（6）5 日，销售科职工王峰回来报销差旅费 800 元，退回现金 200 元，由出纳开出收据一张。

统一收款收据

年　月　日

交款单位

或交款人　　收款方式

备注：

事由____________________

金额（人民币大写）：________________　　¥

收款人：　　收款单位（盖章）

差旅费报销单

部门： 2019年6月2日

姓名	王峰					出差事由		商品会			自2019年5月29日 至2019年6月2日				共4天		附单据共
起讫时间及地点						车船票		夜间乘车补助费			出差补费			住宿费	其他		
月	日	起	月	日	讫	类别	金额	时间	标准	金额	日数	标准	金额	金额	摘要	金额	
12	2	安顺	12	2	贵阳	客车	35				4	50	200	500	公交	30	
12	5	贵阳	12	5	安顺	客车	35										
小计							70						200	500		30	
合计金额（大写）：捌佰元整																	
备注：预借1000核销800退200																	

单位领导： 财务主管： 审核： 填报人：王峰

任务二 银行存款收付业务

（1）4日，开出转账支票8 000元，向安顺市红星厂预付材料款。（填制转账支票）

中国工商银行
转账支票存根
IX.33888991
附加信息
出票日期 年 月 日

收款人：
金 额：
用 途：

单位主管 会计

中国工商银行转账支票 IX.33888991

出票日期（大写） 年 月 日 付款行名称：
收款人： 出票人账号：

本支票付款期限十天

人民币（大写）	亿	千	百	十	万	千	百	十	元	角	分

用途
上列款项请从
我账户内支付
出票人签单 复核 记账

（2）4日，签发现金支票一张，金额5 000元，从银行提取现金以备发工资。

中国工商银行
现金支票存根
No.05162681
附加信息
出票日期 年 月 日

收款人：
金 额：
用 途：

单位主管 会计

中国工商银行现金支票 No.05162681

出票日期（大写） 年 月 日 付款行名称：
收款人： 出票人账号：

本支票付款期限十天

人民币（大写）	亿	千	百	十	万	千	百	十	元	角	分

用途
上列款项请从
我账户内支付
出票人签单 复核 记账

（3）8 日，向贵阳市建材厂购进 A 材料 10 箱，单价每箱 200 元，开出转账支票付款，材料验收入库。（填制材料入库单和转账支票）

材料入库单

供应单位：　　　　　　　　年　月　日

发票号：111078　　　　　　　　　　　　字第　　号

材料编号	材料名称	规格材质	计量单位	应收数量	实收数量	单价	金额									
							千	百	十	万	千	百	十	元	角	分
运杂费																
合　计																
备注																

第二联　记账联

仓库：　　　　会计：　　　　收料员：　　　　制单：

中国工商银行
转账支票存根
IX.33888992

附加信息

出票日期　年　月　日

收款人：
金　额：
用　途：

单位主管　　会计

中国工商银行转账支票

IX.33888992

出票日期（大写）　　年　月　日　　付款行名称：

收款人：　　　　　　　　　　　　　出票人账号：

本支票付款期限十天

人民币（大写）	亿	千	百	十	万	千	百	十	元	角	分

用途＿＿＿＿＿＿＿＿

上列款项请从

我账户内支付

出票人签单　　　　　　　　复核　　　记账

（4）12 日，向贵阳市新世纪商场销售甲产品，数量 50 件，每件 1200 元，开出增值税专用发票，收到对方的转账支票，当日填写银行进账单送存银行。（填制增值税专用发票及银行进账单）

贵州省增值税专用发票

No 08905885

全国统一发票监制章　贵州省　国家税务总局监制

抵扣联　　　　　　　　开票日期：　年　月　日

购货单位	名　　称：贵阳市新世纪商场 纳税人识别号：520102882718888 地 址、电 话：贵阳市新运大街231号 0851-2011456 开户行及账号：工行贵阳市分行 770186588	密码区	6+-〈2〉6〉927+296+/01 446〈600375〈35〉〈4/37009931410 2-2〈2051+24+2618〈7　0445/3-15〉〉09/5/-1〉〉〉+2	加密版本：

货物或应税劳务名称	规格型号	单位	数量	单价	金额	税率	税额
合　计							
价税合计（大写）					（小写）		

销货单位	名　　称： 纳税人识别号： 地 址、电 话： 开户行及账号：	备注	

第二联：抵扣联　购货方扣税凭证

收款人：　　　　复核：　　　　开票人：　　　　销货单位：（章）

中国工商银行 进账单（收账通知）

年 月 日 第 号

收款人	全 称	安顺市黄果树新创公司	付款人	全 称	贵阳新世纪商城
	账 号	583-803366		账 号	770186588
	开户银行	工行安排黄果树支行		开户银行	工行贵阳市分行
金额	人民币（大写）		亿 千 百 十 万 千 百 十 元 角 分		
票据种类		票据张数			
票据号码					
单位主管 会计 复核 记账			收款人开户行盖章		

此联是开户银行交给收款人的收账通知

（5）18 日，报销特快专递费 4 800 元。

贵州省邮政业专业发票

发票联

代码：2210553450040534005

2019 年 月 18 日

安顺市邮政局黄果树营业部

52098778789

用户名称	安顺市黄果树新创公司			
业务总类	数量	邮费	其他费用	金额
特快专递	100	4800	0	4800
合计金额	肆仟捌佰元整			4800

中国工商银行现金支票存根	中国工商银行现金支票
XIV05162682	XIV05162682
附加信息	出票日期（大写） 年 月 日 付款行名称：
	收款人： 出票人账号：
出票日期 年 月 日	本支票付款期限十天
收款人：	人民币（大写） 亿 千 百 十 万 千 百 十 元 角 分
金 额：	用途
用 途：	上列款项请从我账户内支付
单位主管 会计	出票人签单 复核 记账

（6）20 日，开出转账支票 4 000 元，归还前欠贵阳新鸿厂购货款，该厂开户行为工商银行贵阳中西支行，账号 8789300099。

中国工商银行
转账支票存根
IX 33888993

附加信息

出票日期 年 月 日

收款人：

金 额：

用 途：

单位主管 会计

中国工商银行转账支票

IX 33888993

出票日期（大写） 年 月 日　付款行名称：

收款人：　出票人账号：

本支票付款期限十天

人民币（大写）	亿	千	百	十	万	千	百	十	元	角	分

用途

上列款项请从
我账户内支付
出票人签单

复核 记账

（7）向安顺宏基材料厂购 B 材料 10 件，价款 2 000 元。增值税 260 元。转账支付。

贵州省增值税专用发票

抵 扣 联　开票日期：2019 年 6 月 20 日

购货单位	名 称：安顺黄果树新创公司 纳税人识别号：603001112295111 地 址、电 话：安顺市黄果树城南路 188 号 开户行及账号：中国工商银行安顺黄果树支行 行号 583-803366	密码区	6+-〈2〉6〉9657+296+/ 加密版本：08 446〈6003754567〉〈4/37009931410 2-2〈2051+24+2618〈7 0445 /3-15〉〉09/5/-3〉〉+4

货物或应税劳务名称	规格型号	单位	数量	单价	金额（含税）	税率	税额
材料 B		件	20 0	10	2000	13%	260.00
合 计							
价税合计（大写）	贰仟贰佰陆拾元整				（小写）¥2340.00		

销货单位	名 称：安顺宏基材料厂 纳税人识别号：52098776789 地 址、电 话：安顺浦西大道 3 号 0853-123456 开户行及账号：农行安顺支行 767387849899	备注	安顺宏基材料厂 52098776789

收款人：附骥尾　复核：张特　开票人：王虎　销货单位：（章）

第一联：抵扣联 购货方抵扣凭证

中国工商银行 转账支票存根 IX 33888994 附加信息 出票日期　年　月　日 收款人： 金　额： 用　途： 单位主管　会计	本支票付款期限十天	**中国工商银行转账支票** IX 33888994 出票日期（大写）　年　月　日　付款行名称： 收款人：　出票人账号： 人民币（大写）　亿 千 百 十 万 千 百 十 元 角 分 用途 上列款项请从 我账户内支付 出票人签单　复核　记账

任务三　银行支付结算

（1）25 日，办理银行汇票，到广州市材料厂购买 B 材料，金额 8 000 元，该厂开户行为工商银行广州市林海支行，账号 656777656789899。

银行汇票结算的一般流程如图 1-4 所示。

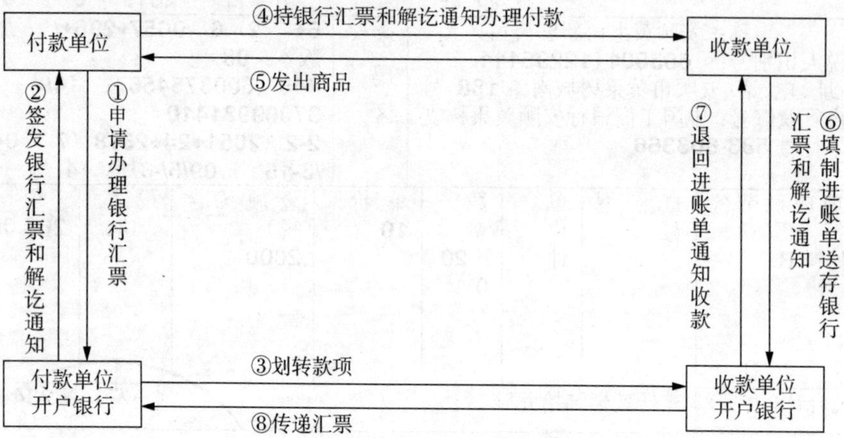

图 1-4　银行汇票结算的一般流程

中国工商银行汇票委托书（存根）　① No. 051205

委托日期　年　月　日

汇款人				收款人	
账号或住址				账号或住址	
兑付地点	省　市\县	兑付行		汇款用途	
汇款金额	人民币（大写）			¥	
备注：			科目： 主管：　复核：　经办：		

中国工商银行　　2
银行汇票

汇票号码：DY0034

签发日期（大写）		代理付款行：									
收款人：		账号或地址：									
汇款金额 人民币（大写）											
实际结算金额 人民币（大写）		千	百	十	万	千	百	十	元	角	分

汇款人：　　　　账号：

签发行：

汇款用途：

多余金额							
十	万	千	百	十	元	角	分

签发行盖章：　年　月　日

（2）26 日，到开户行办理汇款，以支付前欠重庆市陆港材料厂货款 12 000 元，该公司开户行为农业银行重庆市新北支行，账号 9878288898333。

汇兑结算的一般流程如图 1-5 所示。

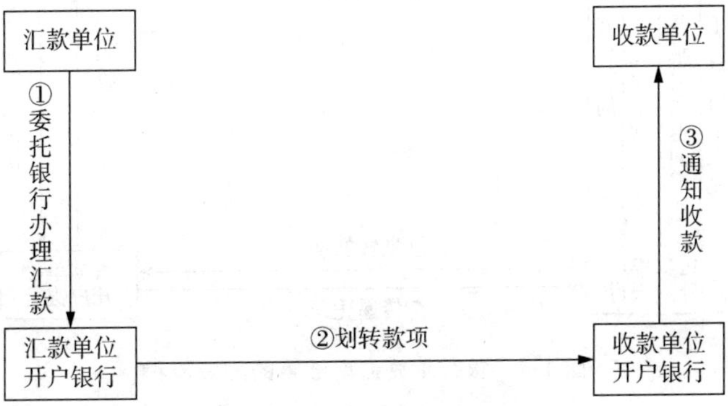

图 1-5　汇兑结算的一般流程

中国工商银行　电汇凭证（回单）1

□普通　□加急　　　委托日期　　年　月　日

收款人	全　称		收款人	全　称												
	账　号			账　号												
	汇出地点	省　市/县		汇入地点	省　市/县											
汇出行名称			汇入行名称													
金额	人民币（大写）				亿	千	百	十	万	千	百	十	元	角	分	
			支付密码													
汇出行签章（印章：中国工商银行安顺黄果树支行 2014年12月26日 转账 转讫）			附加信息及用途： 复核　　记账													

此联汇出行给汇款人的回单

(3) 26 日，从湖南黄河公司（开户银行：工商银行长沙市支行洞庭湖路办事处，行号：57085，账号：454-450355）购进 A 材料，到货并验收入库，以商业汇票支付全部货款和运费。共计 51 140 元。

商业承兑汇票结算的一般流程如图 1-6 所示。

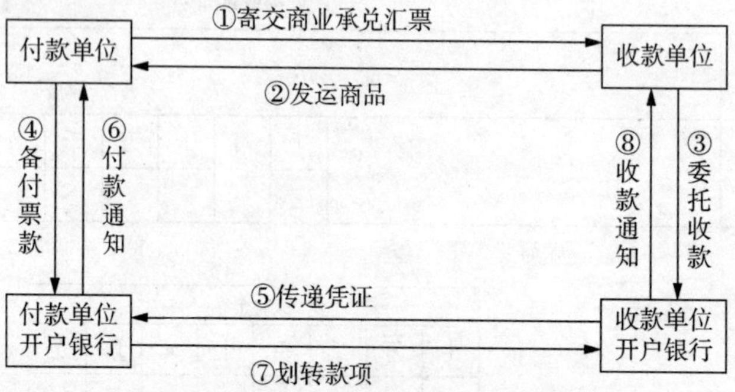

图 1-6　商业承兑汇票结算的一般程序

银行承兑汇票结算的一般流程如图 1-7 所示。

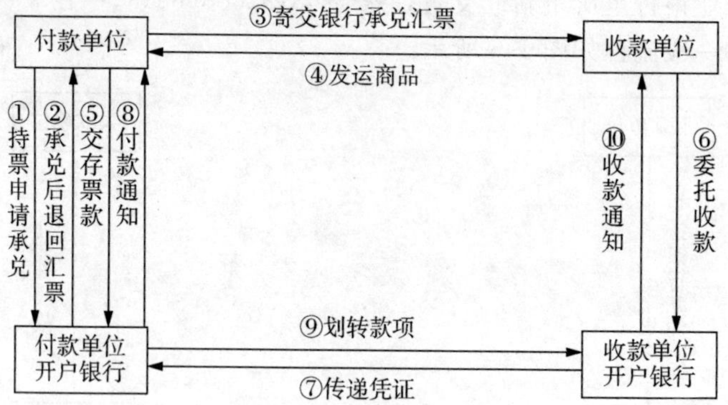

图 1-7　银行承兑汇票结算的一般流程

商业承兑汇票（卡片）　1

出票日期（大写）　　年　月　日　　　　汇票号码：

<table>
<tr><td rowspan="3">付款人</td><td>全　称</td><td colspan="3"></td><td rowspan="3">收款人</td><td>全　称</td><td colspan="3"></td><td rowspan="7">此联承兑人存查</td></tr>
<tr><td>账　号</td><td colspan="3"></td><td>账　号</td><td colspan="3"></td></tr>
<tr><td>开户银行</td><td></td><td>行号</td><td></td><td>开户银行</td><td></td><td>行号</td><td></td></tr>
<tr><td colspan="2" rowspan="2">出票金额</td><td colspan="6" rowspan="2">人民币
（大写）</td><td colspan="2">亿 千 百 十 万 千 百 十 元 角 分</td></tr>
<tr><td colspan="2"></td></tr>
<tr><td colspan="2">汇票到期日
（大写）</td><td colspan="3"></td><td colspan="2">交易合同号码</td><td colspan="3"></td></tr>
<tr><td colspan="5"></td><td colspan="5">备注：</td></tr>
</table>

（4）27 日，收到到期的安顺市双阳机械有限公司银行承兑汇票送存银行，抵付前欠货款。

银行承兑汇票　　2

出票日期（大写）贰零壹肆年壹拾贰月贰拾柒日

<table>
<tr><td>出票人全称</td><td>安顺市双阳机械有限公司</td><td>收款人全称</td><td colspan="11">安顺市黄果树新创公司</td></tr>
<tr><td>出票人账号</td><td>292188714</td><td>收款人账号</td><td colspan="11">583-803366</td></tr>
<tr><td>付款行全称</td><td>工行安顺双阳支行</td><td>收款人开户银行</td><td colspan="11">工行安顺黄果树支行</td></tr>
<tr><td rowspan="2">出票金额</td><td rowspan="2" colspan="2">人民币（大写）叁拾捌万陆仟壹佰元整</td><td>千</td><td>百</td><td>十</td><td>万</td><td>千</td><td>百</td><td>十</td><td>元</td><td>角</td><td>分</td></tr>
<tr><td></td><td>¥</td><td>3</td><td>8</td><td>6</td><td>1</td><td>0</td><td>0</td><td>0</td><td>0</td></tr>
<tr><td rowspan="2">汇票到期日（大写）</td><td rowspan="2">贰零壹伍年零叁月贰拾日</td><td rowspan="2">付款行</td><td>行号</td><td colspan="10">002862</td></tr>
<tr><td>地址</td><td colspan="10">安顺市双阳大街 213 号</td></tr>
<tr><td>承兑协议编号</td><td colspan="13">00213</td></tr>
</table>

中国工商银行行进账单（收账通知） 3

年　月　日

<table>
<tr><td rowspan="3">出票人</td><td>全　称</td><td colspan="2"></td><td rowspan="3">收款人</td><td>全　称</td><td colspan="11"></td></tr>
<tr><td>账　号</td><td colspan="2"></td><td>账　号</td><td colspan="11"></td></tr>
<tr><td>开户银行</td><td colspan="2"></td><td>开户银行</td><td colspan="11"></td></tr>
<tr><td rowspan="2">金额</td><td rowspan="2" colspan="5">人民币（大写）</td><td>亿</td><td>千</td><td>百</td><td>十</td><td>万</td><td>千</td><td>百</td><td>十</td><td>元</td><td>角</td><td>分</td></tr>
<tr><td></td><td></td><td></td><td></td><td></td><td></td><td></td><td></td><td></td><td></td><td></td></tr>
<tr><td colspan="2">票据种类</td><td></td><td>票据张数</td><td colspan="2"></td><td colspan="11" rowspan="3">中国工商银行安顺黄果树支行
2014年12月27日
转　账
转讫
收款人开户银行签章</td></tr>
<tr><td colspan="2">票据号码</td><td colspan="4"></td></tr>
<tr><td colspan="6">复核　　　　记账</td></tr>
</table>

此联是收款人开户银行交给收款人收账通知

任务四　登记现金、银行存款日记账

根据以上业务资料序时登记现金日记账和银行存款日记账，日清月结。

现金日记账

年		凭证号数	摘　要	借方金额	贷方金额	借或贷	余　额
月	日						
			期初余额				

银行存款日记账

年		凭证号数	摘　要	借方金额	贷方金额	借或贷	余　额
月	日						
			期初余额				

任务五　银行对账及编制余额调节表

根据如下银行对账单，逐笔与银行存款日记账核对，编制“银行存款余额调节表”。

中国工商银行客户存款对账单

网点号：007　　币种：人民币　　单位：元　　2019 年页号：1

账号：520423631112295		户名：安顺市黄果树新创公司				上页余额：800，000
日期	业务产品类型	对方户名	摘要	借方发生额	贷方发生额	余额
6-1	发报	安顺市黄果树新创公司	备用金	5000		795 000
6-1	收报	安顺市黄果树新创公司	货款		10，000	805 000
6-4	汇报	安顺市红星厂	付材料款	8000		797 000
6-4	发报	安顺市黄果树新创公司	备用金	5000		792 000
6-8	汇报	贵阳市建材厂	付材料款	2000		790 000
6-12	同城转账	贵阳市新世纪商场	货款		7020	860 200
6-20	汇报	贵阳新鸿厂	付材料款	4000		856 200
6-20	汇报	安顺宏基材料厂	付材料款	2340		853 860
6-25	汇报	广州市材料厂	付材料款	8000		845 860
6-26	汇报	重庆市陆港材料厂	付材料款	12000		833 860
6-28	同城划报	安顺市供电局	电费	1200		832 660
6-30	汇收	安顺大同厂	贷款		20 000	852 660

截至 6 月 31 日账户余额（额度）：852 660 元　　可用余额：852 660 元

编制“银行存款余额调节表”：根据以上银行存款日记账和银行对账单编制“银行存款余额调节表”。

银行存款余额调节表

年　月　日　　单位：元

项　目	金　额	项　目	金　额
企业银行存款日记账余额		银行对账单余额	
加：银行已收，企业未收款		加：企业已收，银行未收款	
减：银行已付，企业未付款		减：企业已付，银行未付款	
调节后的存款余额		调节后的存款余额	

第二章　资产核算岗位

岗位一　存货核算岗位

一、存货核算岗位认知

存货是指企业生产经营中为销售或耗用而储存的各种有形资产。其岗位核算就是对这些有形资产，如原材料、周转材料、产成品、库存商品等在采购、储存、销售中进行核算、记录和管理的会计岗位。具体工作任务有：①会同有关部门拟订材料物资管理与核算实施办法。②审查采购计划，控制采购成本，防止盲目采购。③负责存货明细核算。对已验收入库尚未付款的材料，月终要估价入账。④配合有关部门制订材料消耗定额，编制材料计划成本目录。⑤参与库存盘点，处理清查账务。⑥分析储备情况，防止呆滞积压。对于超过正常储备和长期滞销积压的存货，要分析原因，提出处理意见和建议，督促有关部门处理。存货核算岗位的核心工作任务就是对存货进行确认、计量及其账务处理。

二、存货核算岗位工作标准

（一）存货确认的准则规定

存货指企业在日常活动中持有以备出售的产成品或商品、处在生产过程中的在产品、在生产过程或提供劳务过程中耗用的材料和物料等。存货同时满足下列条件的，才能予以确认：①与该存货有关的经济利益可能流入企业；②该存货的成本能够可靠计量。

（二）存货计量的准则规定

1. 存货初始计量的准则规定

存货应当按照成本进行初始计量。存货成本包括采购成本、加工成本和其他成本。

存货的采购成本，包括购买价款、相关税费、运输费、装卸费、保险费以及其他可归属于存货采购成本的费用。

存货的加工成本，包括直接人工以及按照一定方法分配的制造费用。制造费用，是指企业为生产产品和提供劳务而发生的各项间接费用。企业应当根据制造费用的性质，合理地选择制造费用分配方法。在同一生产过程中，同时生产两种或两种以上的产品，并且每种产品的加工不能直接区分的，其加工成本应当按照合理的方法在各种产品之间进行分配。

存货的其他成本，是指除采购成本、加工成本以外的，使存货达到目前场所和状态所发生的其他支出。

2. 存货发出计量的准则规定

企业应当采用先进先出法、加权平均法或者个别计价法确定发出存货的实际成本。对于性质和用途相似的存货，应当采用相同的成本计算方法确定发出存货的成本。对于不能替代使用的存货、为特定项目专门购入或制造的存货以及提供劳务的成本，通常采用个别计价法确定发出存货的成本。对于已售存货，应当将其成本结转为当期损益，相应的存货跌价准备也应当予以结转。

3. 存货期末计量的准则规定

资产负债表日，存货应当按照成本与可变现净值孰低计量。

存货成本高于其可变现净值的，应当计提存货跌价准备，计入当期损益。

可变现净值，是指在日常活动中，存货的估计售价减去至完工时估计将要发生的成本、估计的销售费用以及相关税费后的金额。

4. 周转存货摊销方法的准则规定

企业应当采用一次转销法或者五五摊销法对低值易耗品或包装物进行摊销，计入相关资产的成本或者当期损益。

5. 存货处置的准则规定

企业发生的存货毁损，应当将处置收入扣除账面价值和相关税费后的金额计入当期损益。存货的账面价值是存货成本扣减累计跌价准备后的金额。存货盘亏造成的损失，应当计入当期损益。

（三）存货的盘存制度

企业确定存货的实物数量有两种方法，一种是实地盘存制，一种是永续盘存制。

1. 实地盘存制

实地盘存制又称定期盘存制，是指企业平时只在账簿中登记存货的增加数，不记减少数，期末根据清点所得的实存数，计算本期存货的减少数。

2. 永续盘存制

永续盘存制又称账面盘存制，是指企业设置各种有数量和金额的存货明细账，根据有关出入库凭证，逐日逐笔登记材料、产品、商品等的收发领退数量和金额，随时结出账面结存数量和金额。采用永续盘存制，可以随时掌握各种存货的收发、结存情况，有利于存货的各项管理。为了核对存货账面记录，永续盘存制亦要求进行存货的实物盘点。盘点可定期不定期进行，通常在生产经营活动的间隙盘点。会计年度终了，应进行一次全面的盘点清查，并编制盘点表，保证账物相符，如有不符应及时查明原因并及时处理。

在我国实际中，存货的核算一般采用永续盘存制。但不论采用何种方法，前后期应保持一致。计算公式如下：

期末结存＝期初结存＋本期增加－本期减少

三、存货核算岗位工作任务

工作任务项目	任务名称	任务描述
任务一	存货按实际成本计价法核算	按照存货计价原则和方法进行购进和发出的核算。
任务二	存货清查	按照存货清查制度完成存货清查，并进行相应账务处理。
任务三	存货期末计量	按照企业会计准则对存货进行期末计量，并进行会计核算。

四、存货核算岗位工作流程

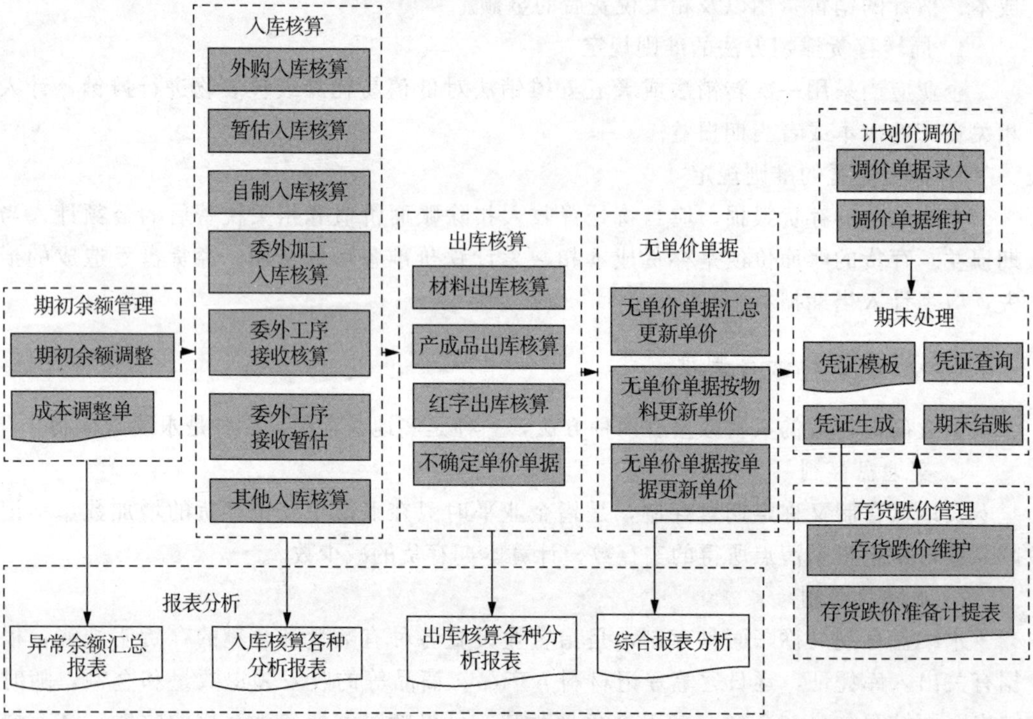

图 2-1　存货核算岗位工作流程图

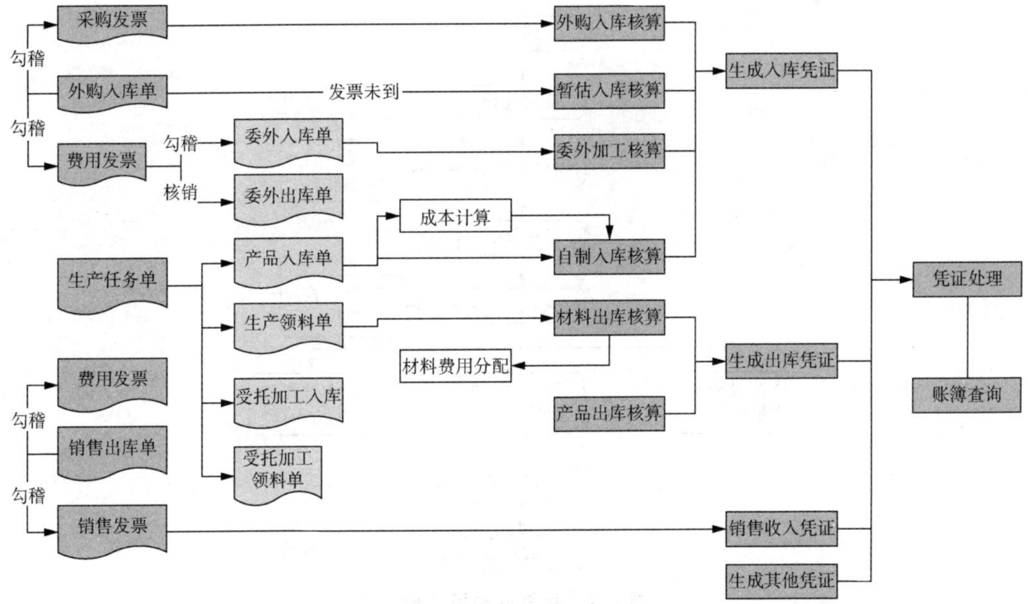

图 2-2 存货核算会计流程图

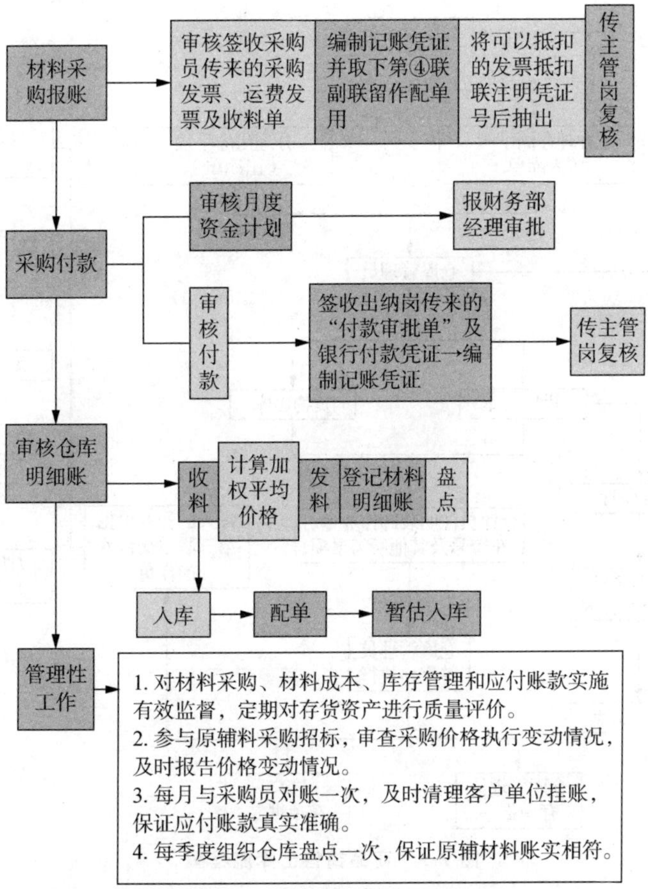

图 2-3 材料采购工作流程图

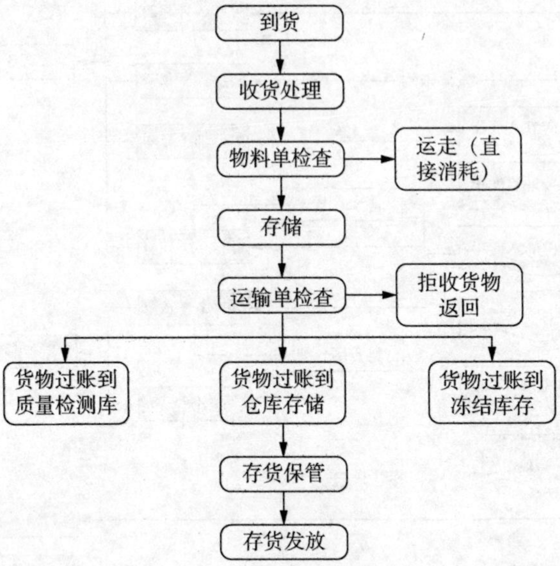
到货
收货处理
物料单检查
运走（直接消耗）
存储
运输单检查
拒收货物返回
货物过账到质量检测库
货物过账到仓库存储
货物过账到冻结库存
存货保管
存货发放

图 2-4　存货入库流程图

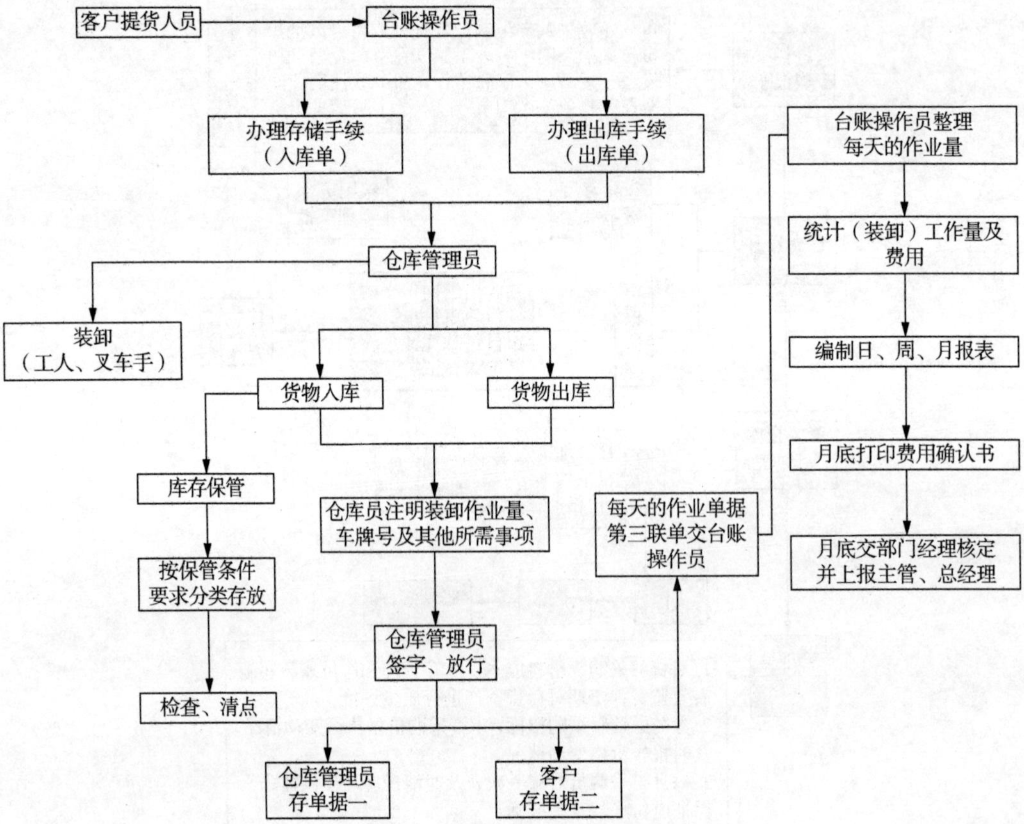
客户提货人员
台账操作员
办理存储手续（入库单）
办理出库手续（出库单）
仓库管理员
装卸（工人、叉车手）
货物入库
货物出库
库存保管
按保管条件要求分类存放
检查、清点
仓库员注明装卸作业量、车牌号及其他所需事项
仓库管理员签字、放行
仓库管理员存单据一
客户存单据二
每天的作业单据第三联单交台账操作员
台账操作员整理每天的作业量
统计（装卸）工作量及费用
编制日、周、月报表
月底打印费用确认书
月底交部门经理核定并上报主管、总经理

图 2-5　商品销售出库流程图

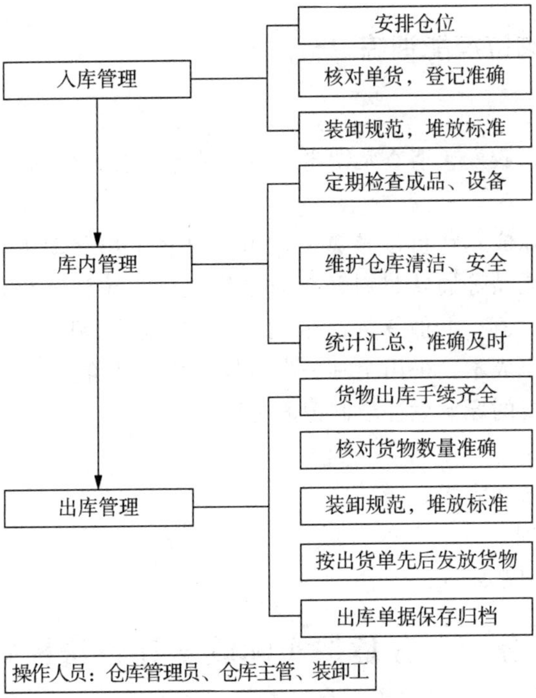
入库管理
安排仓位
核对单货，登记准确
装卸规范，堆放标准
库内管理
定期检查成品、设备
维护仓库清洁、安全
统计汇总，准确及时
出库管理
货物出库手续齐全
核对货物数量准确
装卸规范，堆放标准
按出货单先后发放货物
出库单据保存归档
操作人员：仓库管理员、仓库主管、装卸工

图 2-6 存货仓库管理流程图

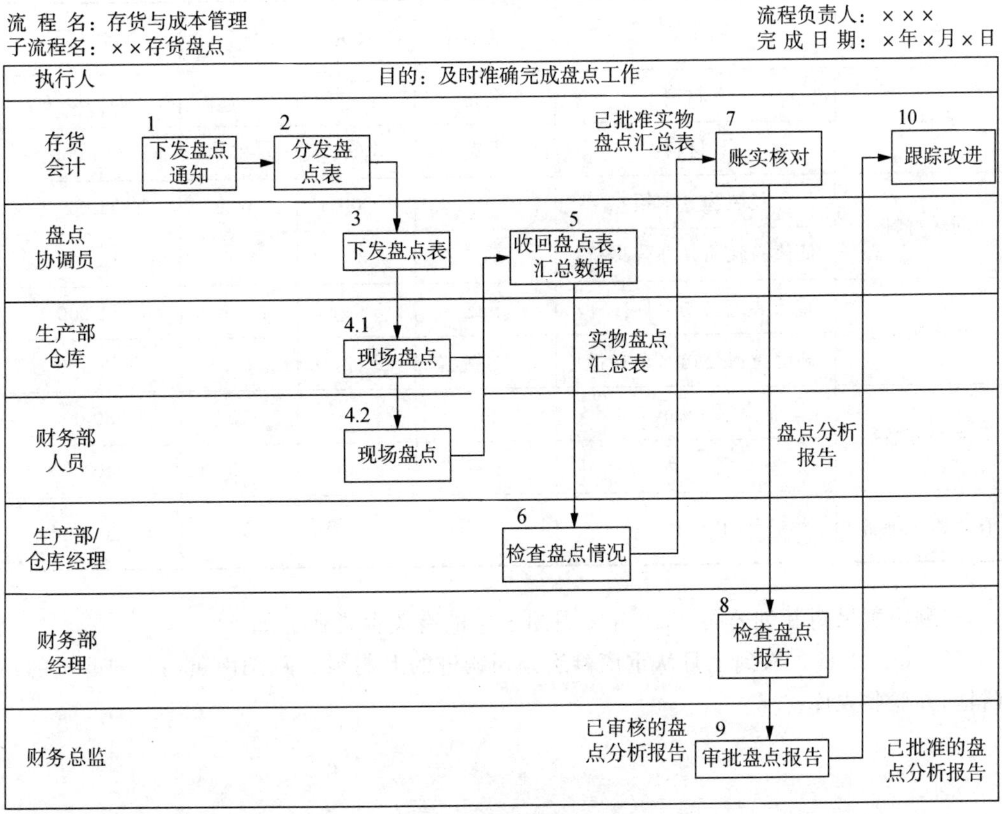
流 程 名：存货与成本管理
子流程名：××存货盘点
流程负责人：×××
完 成 日 期：×年×月×日
执行人
目的：及时准确完成盘点工作
存货会计
盘点协调员
生产部仓库
财务部人员
生产部/仓库经理
财务部经理
财务总监
1 下发盘点通知
2 分发盘点表
3 下发盘点表
4.1 现场盘点
4.2 现场盘点
5 收回盘点表，汇总数据
实物盘点汇总表
6 检查盘点情况
已批准实物盘点汇总表
7 账实核对
盘点分析报告
8 检查盘点报告
已审核的盘点分析报告
9 审批盘点报告
已批准的盘点分析报告
10 跟踪改进

图 2-7 存货盘点流程图

五、存货核算岗位技能训练

1. 技能训练目的

完成存货的采购、收发、清查及期末计量等业务的会计处理。

2. 技能训练要求

（1）存货采用实际成本计价法核算。发出原材料采用移动平均法计算发出材料成本。包装物及低值易耗品等周转材料领用时采用先进先出法计价，包装物于领用时采用一次摊销法摊销其价值；低值易耗品采用五五摊销法摊销，分别于领用和报废时摊销。月末结转产品销售成本，采用全月一次加权平均法计价。

（2）根据审核无误的原始凭证填制记账凭证。

3. 技能训练设计

（1）形式：单人独立完成。

（2）时间：14 学时。

（3）用品：通用记账凭证。

任务一　存货按实际成本计价法核算

安顺市黄果树新创公司 2019 年 6 月有关账户的期初余额如下。

总账	明细账	计量单位	数量	单价(元)	金额(元)
原材料	A 材料	千克	3 000	17	51 000
	B 材料	千克	5 000	23	115 000
周转材料	包装物（木箱）	个	300	180	54 000
	低值易耗品（办公桌椅）	套	30	500	15 000
在途物资	重庆鑫宏公司（B 材料）	千克	3 000	20.40	61 200
	湖南黄河公司（A 材料）	千克	2 000	14.20	28 400
库存商品	甲产品	件	4 000	70	280 000
	乙产品	千克	3 000	80	240 000
存货跌价准备	B 材料				20 000

安顺市黄果树新创公司 2019 年 6 月份发生的有关存货业务如下。

（1）6 月 1 日，收到上月从重庆鑫宏公司购进的 B 材料、从湖南黄河公司购进的 A 材料，并验收入库。

收 料 单 1

供货单位：重庆鑫宏公司

发票号码：__________ 2019年6月1日 收货仓库：原料库

材料编号	名称及规格	计量	数量		实际成本		计划成本		差异
		单位	应收	实收	单价	金额	单价	金额	
	B材料	千克	3000	3000	20.40	61200			
合计			3000	3000	20.40	61200			

此联验收留存

验收：林祥 保管：王海珍 记账： 制单：

收 料 单 1

供货单位：湖南黄河公司

发票号码：__________ 2019年6月1日 收货仓库：原料库

材料编号	名称及规格	计量单位	数量		实际成本		计划成本		差异
			应收	实收	单价	金额	单价	金额	
	A材料	千克	2000	2000	14.20	28400			
合计			2000	2000	14.20	28400			

此联验收留存

验收：林祥 保管：王海珍 记账： 制单：

（2）6月2日，基本生产车间为生产甲产品、乙产品，分别领用下列材料（请计算领料单中单价和金额，以下相同）。

领 料 单 1

（领料部门留存）

凭证编号：

领料单位：基本生产车间 2019年6月2日 发料仓库：原料库

材料编号	材料名称	规格	计量单位	数量		单位成本	金额	备注
				请领	实发			
	A材料		千克	3500	3500			
用途：生产甲产品耗用						发料人	领料单位负责人	领料人
						林祥	王宏	张祥

领　料　单　　1　（领料部门留存）

凭证编号：

领料单位：基本生产车间　　　　2019 年 6 月 2 日　　　　发料仓库：原料库

材料编号	材料名称	规格	计量单位	数量		单位成本	金额	备注
				请领	实发			
	B 材料		千克	5500	5500			
用途：生产乙产品耗用						发料人	领料单位负责人	领料人
						林祥	王宏	张祥

（3）6 月 5 日，从重庆鑫宏股份有限公司购进 B 材料一批，取得增值税专用发票，材料未收到。验单当即承付开户银行传来的对方全部托收款项。

委托银行收款 结算凭证（付款通知） 5

委托日期：　2019年6月5日

业务类型	委托收款（☐邮划、☐电划）　托收承付（☐邮划、☐电划）					
付款单位	全　称	安顺市黄果树新创公司	收款单位	全　称	重庆鑫宏股份有限公司	
	账号或地　址	583-803366		账号或地　址	254-430336	
	开户行	工行安顺黄果树支行　行号 3703		开户行	工行重庆市支行沙平坝办事处	行号 57085
金额	人民币（大写）	壹拾叁万柒仟柒佰元整			亿 千 百 十 万 千 百 十 元 角 分	¥ 1 3 7 7 0 0 0 0
款项内容	货款	托收凭据名　称		附寄单证张数	2	
商品发运情况	货票号 06713			合同名称号码	104576	
备注： 复核　记账	付款人开户银行签章： 中国工商银行安顺黄果树支行 2014年4月5日 转　账 转讫 年　月　日			付款人注意： 1. 根据支付结算办法，上列委托收款，如在付款期内未拒付时，即视同全部同意付款，以此联代付款通知。 2. 如果提前付款或多付款时，应另写书面通知送银行办理。 3. 如系全部或部分拒付，应在付款期限内另填拒绝付款理由书送银行办理。		

此联作付款人开户银行给付款人按期付款的通知

重庆市增值税专用发票

No 25300968

全国统一发票监制章　发票联　国家税务总局监制

开票日期：2019年6月2日

购货单位	名　　称：安顺市黄果树新创公司 纳税人识别号：520423631112295 地址、电话：安顺市黄果树城南路188号 0853-33765606 开户行及账号：工行安顺黄果树支行 583-803366			密码区	略	
货物或应税劳务名称	单位	数量	单价	金额	税率	税额
B材料	千克	5000	23	115000.00	13%	14950.00
合　计				¥115000.00		¥14950.00
价税合计（大写）	⊗壹拾贰万玖仟玖佰伍拾元整			（小写）¥129 950.00		
销货单位	名　　称：重庆鑫宏股份有限公司 纳税人识别号：500106371778511 地址、电话： 开户行及账号：工行重庆市支行沙平坝办事处 254-430336			备注	重庆鑫宏股份有限公司 500106371778511 发票专用章	

收款人：张江　　复核：王三　　开票人：陈红　　销货单位：（章）

第一联：发票联　购买方核算采购成本和增值税进项税额的记账凭证

货物运输业统一发票

发票号码 24630761

全国统一发票监制章　重庆市　发票联　国家税务总局监制

开票日期：2019-6-2

机打代码 机打号码 机器编号				税控码					
收货人及纳税人识别码	安顺市黄果树新创公司 520423631112295				承运人及纳税人识别码	重庆顺风股份有限公司 500106442860055			
发货人及纳税人识别码	重庆鑫宏股份有限公司 500106371778511				主管税务机关及代码				
运输项目及金额	货物名称	数量	运价	里程	金额（元）	其他项目及金额	项目	金额（元）	备注
	B材料	5000千克			3000.00		保险费 装卸费	100.00 50.00	
运费小计	¥3000.00					其他费用小计	¥150.00		
合计（大写）	叁仟壹佰伍拾元整						（小写）¥3150.00		

重庆顺风股份有限公司 500106442860055 发票专用章

承运人盖章：　　收款人：　　开票人：张军

第一联　发票联　付款方记账凭证

（4）6 月 5 日，本公司 8 月 5 日从重庆鑫宏公司购进的 B 材料到货，验收入库。

收料单　1

供货单位：重庆鑫宏公司
发票号码：00968　　　　2019 年 6 月 5 日　　　　收货仓库：原料库

材料编号	名称及规格	计量单位	数量		实际成本		计划成本		差异
			应收	实收	单价	金额	单价	金额	
	B 材料	千克	5000	5000					
合计			5000	5000					

此联验收留存

验收：林祥　　保管：王海珍　　记账：　　制单：

（5）6 月 10 日，从湖南黄河公司购进的 A 材料到货并验收入库，以商业汇票支付全部货款和运费。

商业承兑汇票（卡片）　1

出票日期：贰零壹肆年壹拾贰月壹拾日
（大写）

汇票号码：035

付款人				收款人				
付款人	全　称	安顺市黄果树新创公司		收款人	全　称	湖南黄河公司		
	账　号	583-803366			账　号	454-450355		
	开户银行	工行安顺黄果树支行	行号 3703		开户银行	工行长沙市支行洞庭湖路办事处	行号	57085
出票金额	人民币（大写）贰拾贰万柒仟肆佰柒拾元整				亿 千 百 十 万 千 百 十 元 角 分	¥ 2 2 7 4 7 0 0 0		
汇票到期日（大写）				交易合同号码	05-254			
安顺市黄果树新创公司 财务专用章 出票人签章：				备注：				

此联承兑人存查

湖南省增值税专用发票

No02308505　　发 票 联

校验码：　　　　开票日期：　2019 年 6 月 5 日

购货单位		密码区
名　称	安顺市黄果树新创公司	
纳税人识别号	603001112295	
地址、电话	黄果树市城南路 188 号 0195 － 3765606	
开户行及账号	工商银行黄果树支行 583-803366	

货物或应税劳务名称	单位	数量	单价	金额										税率	金额								
				千	百	十	万	千	百	十	元	角	分	%	百	十	万	千	百	十	元	角	分
A 材料	千克	10000	19			1	9	0	0	0	0	0	0	13			2	4	7	0	0	0	0
合　计					¥	1	9	0	0	0	0	0	0			¥	2	4	7	0	0	0	0
价税合计（大写）	贰拾壹万肆仟柒佰元整　（小写）¥214700.00																						

销货单位		备注
名　称	湖南黄河公司	
纳税人识别号	37001778511	
地址、电话	长沙市洞庭湖路 185 号	
开户行及账号	工商银行长沙市支行洞庭湖路办事处 454-450355	

收款人：张江　　复核：王三　　开票人：陈红　　销货单位：（章）

第一联：发票联　购买方核算采购成本和增值税进项税额的记账凭证

货物运输业统一发票

发 票 联

发票号码 00000000

开票日期：2019-6-5

机打代码 机打号码 机器编号		税控码	
收货人及纳税人识别码	安顺市黄果树新创公司 603001112295	承运人及纳税人识别码	
发货人及纳税人识别码	湖南黄河公司 57001778556	主管税务机关及代码	

运输项目及金额	货物名称	数量	运价	里程	金额（元）	其他项目及金额	项目	金额（元）	备注
	B 材料	10 000 千克			190 000.00		保险费 使用费	120.00 50.00	
运费小计		¥5000.00				其他费用小计		¥170.00	
合计（大写）		叁仟元整						（小写）¥5 170.00	

承运人盖章：　　　　开票人：王大同

第一联　发票联　付款方记账凭证

收 料 单　　1

供货单位：湖南黄河公司

发票号码：08505　　　　2019 年 6 月 10 日　　　　收货仓库：原料库

<table>
<tr><td rowspan="2">材料编号</td><td rowspan="2">名称及规格</td><td rowspan="2">计量单位</td><td colspan="2">数量</td><td colspan="2">实际成本</td><td colspan="2">计划成本</td><td rowspan="2">差异</td></tr>
<tr><td>应收</td><td>实收</td><td>单价</td><td>金额</td><td>单价</td><td>金额</td></tr>
<tr><td></td><td>A 材料</td><td></td><td>千克</td><td>10000</td><td>10000</td><td></td><td></td><td></td><td></td></tr>
<tr><td></td><td></td><td></td><td></td><td></td><td></td><td></td><td></td><td></td><td></td></tr>
<tr><td colspan="2">合计</td><td></td><td></td><td>10000</td><td>10000</td><td></td><td></td><td></td><td></td></tr>
</table>

此联验收留存

验收：林祥　　　　保管：王海珍　　　　记账：　　　　制单：

（6）6 月 10 日，产品完工入库。

产品入库单

2019 年 6 月 10 日　　　　单位：元

<table>
<tr><td colspan="2">产品名称</td><td colspan="2">规格</td><td colspan="2">单位</td><td colspan="2">数量</td><td>单位成本</td><td>总成本</td></tr>
<tr><td colspan="2">甲产品</td><td colspan="2"></td><td colspan="2">件</td><td colspan="2">8000</td><td>75</td><td></td></tr>
<tr><td colspan="2"></td><td colspan="2"></td><td colspan="2"></td><td colspan="2"></td><td></td><td></td></tr>
<tr><td>仓库负责人</td><td>何胜</td><td>保管员</td><td>王芳</td><td>检验</td><td>张明</td><td>制单</td><td></td><td>合计</td><td></td></tr>
</table>

产品入库单

单位：元

2019 年 6 月 10 日

<table>
<tr><td colspan="2">产品名称</td><td colspan="2">规格</td><td colspan="2">单位</td><td colspan="2">数量</td><td>单位成本</td><td>总成本</td></tr>
<tr><td colspan="2">乙产品</td><td colspan="2"></td><td colspan="2">千克</td><td colspan="2">7500</td><td>84</td><td></td></tr>
<tr><td colspan="2"></td><td colspan="2"></td><td colspan="2"></td><td colspan="2"></td><td></td><td></td></tr>
<tr><td>仓库负责人</td><td>何胜</td><td>保管员</td><td>王芳</td><td>检验</td><td>张明</td><td>制单</td><td></td><td>合计</td><td></td></tr>
</table>

（7）6 月 14 日，向安顺贵开股份有限公司购进 A、B 材料。

贵州省增值税专用发票 No08305509

发票联

校验码： 开票日期： 2019 年 6 月 14 日

购货单位	名称	安顺市黄果树新创公司	密码区	
	纳税人识别号	603001112295		
	地址、电话	黄果树城南路 188 号 0853 - 3765606		
	开户行及账号	安顺工商银行黄果树支行 583-803366		

货物或应税劳务名称	单位	数量	单价	金额 千	百	十	万	千	百	十	元	角	分	税率 %	税额 百	十	万	千	百	十	元	角	分
A 材料	千克	4000	19				7	6	0	0	0	0	0	13				9	8	8	0	0	0
B 材料	千克	3500	24				8	4	0	0	0	0	0	13			1	0	9	2	0	0	0
合计					¥	1	6	0	0	0	0	0	0			¥	2	0	8	0	0	0	0
价税合计（大写）	壹拾捌万零捌佰元整 （小写）¥180 800.00																						

销货单位	名称	安顺贵开股份有限公司	备注	
	纳税人识别号	6030051[illegible]3357		
	地址、电话	黄果树华东路 8[illegible] 号 0193 - 37656898		
	开户行及账号	安顺工商银[illegible]黄果树华东办事处 3705		

收款人： 张江　　复核：王三　　开票人： 陈红　　销货单位：（章）

第一联：发票联 购买方核算采购成本和增值税进项税额的记账凭证

中国工商银行
转账支票存根

XⅣ 00000000

附加信息

出票日期 2019 年 6 月 14 日

收款人：	贵开公司
金　额：	180800.00
用　途：	购货款

收料单 1

供货单位：贵升公司
发票号码：05509　　　　2019年6月14日　　　　收货仓库：原料库

材料编号	名称及规格	计量单位	数量		实际成本		计划成本		差异
			应收	实收	单价	金额	单价	金额	
	A材料	千克	4000	4000					
合计			4000	4000					

此联验收留存

验收：林祥　　保管：王海珍　　记账：　　制单：

收料单 1

供货单位：贵升公司
发票号码：05509　　　　2019年6月14日　　　　收货仓库：原料库

材料编号	名称及规格	计量单位	数量		实际成本		计划成本		差异
			应收	实收	单价	金额	单价	金额	
	B材料	千克	3500	3500					
合计			3500	3500					

此联验收留存

验收：林祥　　保管：王海珍　　记账：　　制单：

（8）6月16日，基本生产车间领用A、B材料，管理部门领用办公桌椅。

领料单 1

（领料部门留存）

凭证编号：
领料单位：基本生产车间　　　　2019年6月16日　　　　发料仓库：原料库

材料编号	材料名称	规格	计量单位	数量		单位成本	金额	备注
				请领	实发			
	A材料		千克	12000	12000			
用途：生产甲产品耗用						发料人	领料单位负责人	领料人
						林祥	王宏	张祥

领料单 1

（领料部门留存）

凭证编号：
领料单位：基本生产车间　　　　2019年6月16日　　　　发料仓库：原料库

材料编号	材料名称	规格	计量单位	数量		单位成本	金额	备注
				请领	实发			
	B材料		千克	10000	10000			
用途：生产乙产品耗用						发料人	领料单位负责人	领料人
						林祥	王宏	张祥

领 料 单　1

（领料部门留存）

凭证编号：

领料单位：各科室　　　2019 年 6 月 16 日　　　发料仓库：周转材料库

材料编号	材料名称	规格	计量单位	数量		单位成本	金额	备注
				请领	实发			
	办公桌椅		套	15	15			
用途：管理部门耗用						发料人	领料单位负责人	领料人
						林祥	黄文	尚义

（9）6 月 17 日，从安顺宏达木具厂购进木箱并验收入库。款项尚未支付。

贵州省增值税专用发票　　No08305893

发票联

校验码：　　　开票日期：2019 年 6 月 17 日

购货单位			
名　称	安顺市黄果树新创公司	密码区	
纳税人识别号	603001112295		
地址、电话	黄果树城南路 188 号 0853 - 3765606		
开户行及账号	安顺工商银行黄果树支行 583-803366		

货物或应税劳务名称	单位	数量	单价	金额 千	百	十	万	千	百	十	元	角	分	税率 %	金额 百	十	万	千	百	十	元	角	分
木箱	个	100	190				1	9	0	0	0	0	0	13				2	4	7	0	0	0
合　计						¥	1	9	0	0	0	0	0				¥	2	4	7	0	0	0
价税合计（大写）	贰万壹仟肆佰柒拾元整　（小写）¥21 470.00																						

销货单位			
名　称	安顺宏达木具厂	备注	
纳税人识别号	603005113459		
地址、电话	黄果树龙宫路 78 号 0853 - 3765674		
开户行及账号	安顺工商银行黄果树华东办事处 583-653705		

复核：王三　　　开票人：陈红　　　销货单位：（章）

第一联：发票联　购买方核算采购成本和增值税进项税额的记账凭证

收 料 单　1

供货单位：安顺宏达木具厂

发票号码：05893　　　2019 年 6 月 17 日　　　收货仓库：原料库

材料编号	名称及规格	计量单位	数量		实际成本		计划成本		差异
			应收	实收	单价	金额	单价	金额	
	木箱	个	100	100					
合计			100	100					

此联验收留存

验收：林祥　　　保管：王海珍　　　记账：　　　制单：

（10）6 月 18 日，销售甲、乙两种产品，并办妥托收手续。

贵州省增值税专用发票

No08905890

发票联

校验码：　　　　开票日期：　2019 年 6 月 18 日

2019 年 6 月 18 日

购货单位	名　　称	都匀宏宇公司	密码区	
	纳税人识别号	803001112275		
	地址、电话	都匀桥头堡 125 号		
	开户行及账号	都匀桥头堡办事处　0325-789523		

货物或应税劳务名称	单位	数量	单价	金额										税率	金额								
				千	百	十	万	千	百	十	元	角	分	%	百	十	万	千	百	十	元	角	分
甲产品	件	3500	120			4	2	0	0	0	0	0	0	13				5	4	6	0	0	0
乙产品	千克	2800	135			3	7	8	0	0	0	0	0	13				4	9	1	4	0	0
合　　计					¥	7	9	8	0	0	0	0	0		¥		1	0	3	7	4	0	0
5税合计（大写）	捌拾万零捌仟叁佰柒拾肆元整　（小写）¥808 374.00																						

销货单位	名　　称	安顺市黄果树新创公司	备注	
	纳税人识别号	603001112295		
	地址、电话	黄果树城南路 188 号 0853 － 3765606		
	开户行及账号	安顺工商银行黄果树支行　583-803366		

收款人：陈婷　　复核：曲长　　开票人：张轩　　销货单位：（章）

第一联：发票联　购买方核算采购成本和增值税进项税额的记账凭证

中国工商银行

转账支票存根

Ⅹ Ⅳ00000000

附加信息

出票日期 2019 年 6 月 18 日

收款人：	安顺运输公司
金　额：	2500. 00
用　途：	代垫运费

委托银行收款结算凭证（回单） 1

委托日期： 2019 年 6 月 18 日

<table>
<tr><td colspan="3">业务类型</td><td colspan="9">委托收款（□邮划、□电划） 托收承付（□邮划、□电划）</td></tr>
<tr><td rowspan="3">付款单位</td><td>全 称</td><td colspan="3">都匀宏宇公司</td><td rowspan="3">收款单位</td><td>全 称</td><td colspan="4">安顺市黄果树新创公司</td></tr>
<tr><td>账 号或地址</td><td colspan="3">都匀桥头堡 125 号 863-803468</td><td>账 号</td><td colspan="4">583-803366</td></tr>
<tr><td>开户行</td><td></td><td>行号</td><td>7893</td><td>开户行</td><td>安顺工商银行黄果树办事处</td><td>行号</td><td colspan="2">3703</td></tr>
<tr><td>金额</td><td colspan="6">人民币
（大写）捌拾壹万零捌佰柒拾肆元整</td><td colspan="4">亿 千 百 十 万 千 百 十 元 角 分
¥ 8 1 0 8 7 4 0 0</td></tr>
<tr><td colspan="2">款项内容</td><td>货款</td><td>托收凭据名 称</td><td>………………
………………</td><td colspan="2">附寄单证张数</td><td colspan="4">2</td></tr>
<tr><td colspan="2">商品发运情况</td><td colspan="3">货票号 06793</td><td colspan="2">合同名称号码 1</td><td colspan="4">10--4577</td></tr>
<tr><td colspan="2">备注：

复核 记账</td><td colspan="3">付款人开户银行签章：

年 月 日</td><td colspan="6">付款人注意：
1、 根据支付结算办法，上列委托收款，如在付款期内未拒付时，即视同全部同意付款，以此联代付款通知。
2、 如果提前付款或多付款时，应另写书面通知送银行办理。
3、 如系全部或部分拒付，应在付款期限内另填拒绝付款理由书送银行办理。</td></tr>
</table>

此联作付款人开户银行给付款人按期付款的通知

产品出库单 1

存根联

出库日期：2019 年 6 月 18 日

产品名称	甲产品			型 号		
单 位	件	数量	3500	单价		出库金额	
提货单位	都匀宏宇公司（销售部门代办托运）			经办人	张宇	

主管： 记账： 保管员：王芳

产品出库单 1

存根联

出库日期：2019 年 6 月 18 日

产品名称	乙产品			型 号		
单 位	千克	数量	2800	单价		单位成本	
提货单位	都匀宏宇公司（销售部门代办托运）			经办人	张宇	

主管： 记账： 保管员：王芳

（11）6 月 22 日，上述委托收款款项收到。

委托银行收款结算凭证（收账通知）　1

委托日期：　2019　年　6　月　18　日

业务类型	委托收款（□邮划、□电划）		托收承付（□邮划、□电划）				
付款单位	全 称	都匀宏宇公司		收款单位	全 称	安顺市黄果树新创公司	
	账 号或地址	都匀桥头堡 125 号　863-803468			账 号	583-803366	
	开户行	都匀桥头堡办事处	行号 7893		开户行	安顺工商银行黄果树办事处	行号 3703
金额	人民币（大写）捌拾壹万零捌佰柒拾肆元整					亿千百十万千百十元角分	￥81087400
款项内容	货款	托收凭据名称	……………		附寄单证张数	2	
商品发运情况	货票号 06793		合同名称号码 1			10--4577	
备注： 复核　记账	付款人开户银行签章： 2019 年 6 月 22 日 转账 转讫		付款人注意： 1、根据支付结算办法，上列委托收款，如在付款期内未拒付时，即视同全部同意付款，以此联代付款通知。 2、如果提前付款或多付款时，应另写书面通知送银行办理。 3、如系全部或部分拒付，应在付款期限内另填拒绝付款理由书送银行办理。				

此联作付款人开户银行给付款人按期付款的通知

（12）6 月 25 日，基本生产车间生产甲产品领用木箱 50 个，销售部出租木箱 20 个，收取租金 400 元。包装物一次摊销。

领　料　单　　1

（领料部门留存）

凭证编号：

领料单位：基本生产车间　　　2019 年 6 月 25 日　　　发料仓库：周转材料库

材料编号	材料名称	规格	计量单位	数量		单位成本	金额	备注
				请领	实发			
	木箱		个	50	50			
用途：生产甲产品耗用						发料人	领料单位负责人	领料人
						林祥	王宏	张祥

领 料 单 1

（领料部门留存）

凭证编号：

领料单位：销售部　　2019 年 6 月 25 日　　发料仓库：周转材料库

材料编号	材料名称	规格	计量单位	数量		单位成本	金额	备注
				请领	实发			
	木箱		个	20	20			
用途：出租						发料人	领料单位负责人	领料人
						林祥	邓平	王洋萍

中国工商银行　进账单（回单）　1

2019 年 6 月 25 日

收款人			付款人		
收款人	全　称	安顺市黄果树新创公司	付款人	全　称	天龙实业公司
	账　号	583-803366		账　号	583-843503
	开户银行	工行安顺黄果树支行		开户银行	工行塔山办事处

金额	人民币（大写）	亿	千	百	十	万	千	百	十	元	角	分
	肆佰元整						¥	4	0	0	0	0

票据种类	转支	票据张数	1
票据号码			
		复核	记账

中国工商银行安顺黄果树支行
2014年12月25日
转　账
转讫
开户银行盖章

此联是开户银行交给持（出）票人的回单

（13）6 月 25 日，产品完工入库。

产品入库单

2019 年 6 月 25 日　　单位：元

产品名称		规格		单位		数量	单位成本	总成本
甲产品				件		7000	75	
仓库负责人	何胜	保管员	王芳	检验	张明	制单	合计	

产品入库单

2019 年 6 月 25 日　　单位：元

产品名称		规格		单位		数量	单位成本	总成本
乙产品				千克		7000	84	
仓库负责人	何胜	保管员	王芳	检验	张明	制单	合计	

（14）6 月 25 日，向重庆鑫宏公司预付款项。

中国工商银行　电汇凭证（回单）　1

☐普通　☐加急　　　委批日期 2019年6月25日

汇款人	全　称	安顺市黄果树新创公司	收款人	全　称	重庆鑫宏公司
	账　号	583-803366		账　号	254-430336
	汇出地点	贵州 省 安顺 市/县		汇出地点	省 重庆 市/县
汇出行名称		工行安顺黄果树支行	汇入行名称		工行重庆市支行沙平坝办事处
金额	人民币（大写）	壹拾万元整	亿 千 百 十 万 千 百 十 元 角 分		¥ 1 0 0 0 0 0 0
中国工商银行安顺黄果树支行 2014年12月25日 转账 转讫 汇出行签章			支付密码		
			附加信息及用途：预付货款		
			复核		记账

委托日期：2019 年 6 月 25 日

此联汇出行给汇款人的回单

（15）6 月 26 日，销售甲、乙两种产品。

贵州省增值税专用发票　　No08905890

发票联　贵州省国家税务局

开票日期：2019 年 6 月 26 日

购货单位	名　称	安达实业公司	密码区 ××××××××××
	纳税人识别号	803001115278	×××××××××××
	地址、电话	安顺市两所屯	××××××××××
	开户行及账号	安顺市两所屯办事处　0525-689526	×××××××××××

货物或应税劳务名称	单位	数量	单价	金额 千	百	十	万	千	百	十	元	角	分	税率%	金额 百	十	万	千	百	十	元	角	分
甲产品	件	13500	120		1	6	2	0	0	0	0	0	0	13		2	1	0	6	0	0	0	0
乙产品	千克	14000	135		1	8	9	0	0	0	0	0	0			2	4	5	7	0	0	0	0
合　计				¥	3	5	1	0	0	0	0	0	0		¥	4	5	6	3	0	0	0	0

5税合计（大写）　叁佰玖拾陆万陆仟叁佰元整　（小写）¥3 966 300.00

销货单位	名　称	安顺市黄果树新创公司	备注
	纳税人识别号	603001112295	
	地址、电话	黄果树城南路 138 号 0853 - 3765606	
	开户行及账号	安顺工商银行黄果树支行 583-803366	

复核：曲长　　开票人：张轩　　销货单位：（章）

第一联：发票联　购买方核算采购成本和增值税进项税额的记账凭证

工商银行 **进账单** （回　单）　　1

2019 年　6 月　26　日

收款人	全　称	安顺市黄果树新创公司	付款人	全　称	安达实业公司
	账　号	583-803366		账　号	0525-689526
	开户银行	安顺工商银行黄果树支行		开户银行	安顺市两所屯办事处
金额	人民币（大写）叁佰玖拾陆万陆仟叁佰元整			亿千百十万千百十元角分	¥396630000
票据种类	转支	票据张数	1		
票据号码					
复核　　记账				开户银行盖章	

中国工商银行安顺黄果树支行 2019 年 6 月 26 日 转账 转讫

此联是开户银行交给持（出）票人的回单

产品出库单　1

存根联

出库日期：2019 年 6 月 26 日

产品名称	甲产品				型号		
单　　位	件	数量	13500	单价		单位成本	
提货单位	安达实业公司				经办人	张宇	

主管：　　　　记账：　　　　保管员：王芳

产品出库单　1

存根联

出库日期：2019 年 6 月 26 日

产品名称	乙产品				型　号		
单　　位	千克	数量	14000	单价		单位成本	
提货单位	安达实业公司				经办人	张宇	

主管：　　　　记账：　　　　保管员：王芳

（16）6 月 28 日，从重庆鑫宏股份有限公司预购的 B 材料到达并验收入库，同时补足货款。

重庆市增值税专用发票　　No00000995

发票联

校验码：　　　　开票日期：　2019 年　6 月　25　日

购货单位	名称	安顺市黄果树新创公司
	纳税人识别号	603001112295
	地址、电话	黄果树城南路 188 号 0853 － 3765606
	开户行及账号	安顺工商银行黄果树支行　583-803366
密码区		

货物或应税劳务名称	单位	数量	单价	金额 千	百	十	万	千	百	十	元	角	分	税率 %	税额 百	十	万	千	百	十	元	角	分
B 材料	千克	5000	23			1	1	5	0	0	0	0	0	13			1	4	9	5	0	0	0
合　计					¥	1	1	5	0	0	0	0	0			¥	1	4	9	5	0	0	0

价税合计（大写）	壹拾贰万玖仟玖佰伍拾元整	（小写）¥129 950.00
销货单位	名称	重庆鑫宏股份有限公司
	纳税人识别号	37001778511
	地址、电话	
	开户行及账号	工商银行重庆市支行沙平坝办事处　57085
备注		

复核：　　　　开票人：　张明　　　　销货单位：（章）

第一联：发票联　购买方核算采购成本和增值税进项税额的记账凭证

货物运输业统一发票

发票联

发票号码 24631540

开票日期：2019-6-25

机打代码 机打号码 机器编号		税控码	
收货人及纳税人识别码	安顺市黄果树新创公司 520423631112295	承运人及纳税人识别码	重庆顺风股份有限公司 500106442860055
发货人及纳税人识别码	重庆鑫宏股份有限公司 500106371778511	主管税务机关及代码	

运输项目及金额	货物名称	数量	运价	里程	金额（元）	其他项目及金额	项目	金额（元）	备注
	B 材料	5000千克			3000.00		保险费 使用费	100.00 50.00	
运费小计	¥3000.00					其他费用小计	¥150.00		
合计（大写）	叁仟壹佰伍拾元整						（小写）¥3150.00		

承运人盖章：　　　　收款人：　　　　开票人：张军

第一联　发票联　付款方记账凭证

中国工商银行 电汇凭证（回单） 1

□普通 □加急　　　委托日期 2019 年 6 月 28 日

<table>
<tr><td rowspan="3">汇款人</td><td>全 称</td><td>安顺市黄果树新创公司</td><td rowspan="3">收款人</td><td>全 称</td><td colspan="10">重庆鑫宏公司</td></tr>
<tr><td>账 号</td><td>583-803366</td><td>账 号</td><td colspan="10">254-430336</td></tr>
<tr><td>汇出地点</td><td>贵州 省 安顺 市/县</td><td>汇入地点</td><td colspan="10">省 重庆 市/县</td></tr>
<tr><td colspan="2">汇出行名称</td><td>安顺工商银行黄果树支行</td><td colspan="2">汇发入行名称</td><td colspan="10">工商银行重庆市支行沙平坝办事处</td></tr>
<tr><td rowspan="2">金额</td><td rowspan="2" colspan="4">人民币（大写）</td><td>亿</td><td>千</td><td>百</td><td>万</td><td>十</td><td>万</td><td>千</td><td>十</td><td>元</td><td>角</td><td>分</td></tr>
<tr><td></td><td></td><td>¥</td><td></td><td></td><td></td><td></td><td></td><td></td><td></td><td></td></tr>
<tr><td colspan="3"></td><td colspan="2">支付密码</td><td colspan="10"></td></tr>
<tr><td colspan="3">2019 年 6 月 28 日
汇出行签章</td><td colspan="12">附加信息及用途：
补足货款
复核　　记账</td></tr>
</table>

中国工商银行安顺黄果树支行 转账 转讫

此联汇出行给汇款人的回单

收 料 单 1

供货单位：重庆鑫宏公司

发票号码：00995　　　2019 年 6 月 28 日　　　收货仓库：原料库

材料编号	名称及规格	计量单位	数量		实际成本		计划成本		差异
			应收	实收	单价	金额	单价	金额	
	B 材料	千克	5000	5000					
合计			5000	5000					

此联验收留存

验收：林祥　　保管：王海珍　　记账：　　制单：

（17）月末根据产品完工情况，结转完工产品成本。

产品入库汇总表

2019 年 6 月 31 日　　　单位：元

产品名称		规格		单位		数量	单位成本	总成本
甲产品				件		15000	75	
乙产品				千克		14500	84	
仓库负责人	何胜	保管员	王芳	检验	张明	制单	合计	

（18）月底，结转发出 A、B 材料的实际成本。

发出材料汇总表

2019 年 6 月 31 日

单位：元

用途 材料			甲产品耗用		乙产品耗用		管理部门耗用		出租		出售		合计
材料名称	计量单位	单位成本	数量	金额	数量	金额	数量	金额	数量	金额	数量	金额	
合计													

制单：

（19）月底，结转甲、乙产品的销售成本。

产品销售汇总表

2019 年 6 月 31 日　　单位：元

产品名称	销售数量	销售单位成本	销售总成本
甲产品			
乙产品			
合　　计			

记账凭证

年　月　日　　凭证编号：________

摘要	借方科目	金额											贷方科目	金额										
		亿	千	百	十	万	千	百	十	元	角	分		亿	千	百	十	万	千	百	十	元	角	分
	合计																							

附单据　张

会计主管：　　记账：　　制单：　　出纳：　　缴款人：

任务二　存货清查

（1）月底，对 A、B 材料进行实物盘点。

财产物资盘存单

单位名称：安顺市黄果树新创公司　　　　盘存时间：2019 年 6 月 31 日

编号：001

财产类别：　　　　存放地点：原料库 成品库　　　　财产责任人：王海珍

序号	名称	规格型号	计量单位	实存数量	单价	金额	备注
1	A 材料		千克	3495			
2	B 材料		千克	6000			
3	包装物（木箱）		个	130			
4	办公桌		套	15			
5	甲产品		件	2000			
6	乙产品		千克	705			

盘点人签章：周宇　　　　实物保管人签章：王海珍

存货盘点盈亏报告表（2）

单位名称：安顺市黄果树新创公司　　　　2019 年 6 月 31 日

名称	规格型号	计量单位	单价	账存		实存		账实对比				备注
								盘盈		盘亏		
				数量	金额	数量	金额	数量	金额	数量	金额	
A 材料		千克				3495						单位成本按月初结存计算
乙产品		千克				705						

分析原因：	审批意见： 主管部门：

盘点人签章：周宇　　　　主管会计签章：朱 刚

（2）对于存货的盘盈和盘亏，由于无法查明原因，公司决定计入管理费用。

存货盘点盈亏报告表（3）

单位名称：安顺市黄果树新创公司　　　　　　　　2019 年 6 月 31 日

名称	规格型号	计量单位	单价	账存		实存		账实对比				备注
								盘盈		盘亏		
				数量	金额	数量	金额	数量	金额	数量	金额	
A 材料		千克				3495						
乙产品		千克				705						
												单位成本按月初结存计算
分析原因：						审批意见：公司决定计入管理费用。 主管部门：赵红艳						

盘点人签章：周宇　　　　主管会计签章：朱刚

记账凭证

年　月　日　　　　　　　　凭证编号：

摘要	借方科目	金额											贷方科目	金额										
		亿	千	百	十	万	千	百	十	元	角	分		亿	千	百	十	万	千	百	十	元	角	分
	合计																							

附单据　张

会计主管：　　记账：　　制单：　　出纳：　　缴款人：

任务三　存货期末计量

2018 年年末，安顺市黄果树新创公司的 A、B 材料采用“成本与可变现净值孰低法”计价，本年末各种存货的成本与可变现净值等资料如下。

存货期末跌价损失计算表

单位：元

项目		结存数量	单位成本	单位可变现净值	账面总成本	可变现净值	单项比较法
原材料	A材料	3 495 千克		16			
	B材料	6 000 千克		26			
	合计						
库存商品	甲产品	2 000 件		90			
	乙产品	705 千克		100			
	合计						
合计							

记账凭证

年　月　日　　　　凭证编号：________

摘要	借方科目	金额											贷方科目	金额										
		亿	千	百	十	万	千	百	十	元	角	分		亿	千	百	十	万	千	百	十	元	角	分
	合计																							

附单据　张

会计主管：　　记账：　　制单：　　出纳：　　缴款人：

岗位二　固定资产核算岗位

一、固定资产核算岗位认知

固定资产核算岗位是企业重要的会计工作岗位之一，主要工作包括：①按照财务制度规定，正确划分固定资产与低值易耗品的界限。会同有关部门制订固定资产目录、分类方法、使用年限，加强固定资产管理，正确进行固定资产核算。②建立固定资产明细卡片，定期进行核对，做到账、卡、物相符。③对购置、调入、出售、封存、清理、报废的固定资产，要办理会计手续，进行明细核算，要按期编报固定资产增减变动情况的会计报表。④参与固定资产清查盘点，发现盘盈、盘亏和毁损等情况要查明原因，明确责任，按规定的审批程序办理报批手续，根据批准文件进行账务处理。⑤按照公司财务管理制度规定的折旧率，按月正确计算和提取固定资产折旧。

二、固定资产核算岗位工作标准

（一）固定资产确认的准则规定

固定资产，是指同时具有两个特征的有形资产：①为生产商品、提供劳务、出租或经营管理而持有的；②使用寿命超过一个会计年度。使用寿命，是指企业使用固定资产的预计期间，或者该固定资产所能生产产品或提供劳务的数量。固定资产同时满足以下两个条件的，才能予以确认：①与该固定资产有关的经济利益很可能流入企业；②该固定资产的成本能够可靠地计量。

（二）固定资产增加的初始计量规定

固定资产应当按照成本进行初始计量。

（1）外购固定资产的成本，包括购买价款、相关税费、使固定资产达到预定可使用状态前所发生的可归属于该项资产的运输费、装卸费、安装费和专业人员服务费等。

以一笔款项购入多项没有单独标价的固定资产，应当按照各项固定资产公允价值比例对总成本进行分配，分别确定各项固定资产的成本。

购买固定资产的价款超过正常信用条件延期支付，实质上具有融资性质的，固定资产的成本以购买价款的现值为基础确定。实际支付的价款与购买价款的现值之间的差额，除按照《企业会计准则第 17 号——借款费用》应予资本化的以外，应当在信用期间内计入当期损益。

（2）自行建造固定资产的成本，由建造该项资产达到预定可使用状态前所发生的必要支出构成。

（3）应计入固定资产成本的借款费用，按照《企业会计准则第 17 号——借款费用》处理。

（4）投资者投入固定资产的成本，应当按照投资合同或协议约定的价值确定，但合同或协议约定价值不公允的除外。

（5）非货币性资产交换、债务重组、企业合并和融资租赁取得的固定资产的成本，应当分别按照《企业会计准则第 7 号——非货币性资产交换》、《企业会计准则第 12 号——债务重组》、《企业会计准则第 20 号——企业合并》和《企业会计准则第 21 号——租赁》确定。

（三）固定资产计提折旧的准则规定

（1）企业应当对所有固定资产计提折旧。但是，已提足折旧仍继续使用的固定资产和单独计价入账的土地除外。折旧，是指在固定资产使用寿命内，按照确定的方法对应计折旧额进行系统分摊。应计折旧额，是指应当计提折旧的固定资产的原价扣除其预计净残值后的金额。已计提减值准备的固定资产，还应当扣除已计提的固定资产减值准备累计金额。预计净残值，是指假定固定资产预计使用寿命已满并处于使用寿命终了时的预期状态，企业目前从该项资产处置中获得的扣除预计处置费用后的金额。

（2）企业应当根据固定资产的性质和使用情况，合理确定固定资产的使用寿命和预计净残值。企业确定固定资产使用寿命，应当考虑下列因素：①预计生产能力或实物产量；②预计有形损耗和无形损耗；③法律或者类似规定对资产使用的限制。

（3）企业应当根据与固定资产有关的经济利益的预期实现方式，合理选择固定资产折旧方法。可选用的折旧方法包括年限平均法、工作量法、双倍余额递减法和年数总和法等。

(4) 固定资产应当按月计提折旧，并根据用途计入相关资产的成本或者当期损益。

（四）固定资产处置与清查的准则规定

(1) 固定资产满足以下两个条件之一的，应当予以终止确认：①该固定资产处于处置状态。②该固定资产预期通过使用或处置不能产生经济利益。

(2) 企业出售、转让、报废固定资产或发生固定资产毁损，应当将处置收入扣除账面价值和相关税费后的金额计入当期损益。固定资产的账面价值是固定资产成本扣减累计折旧和累计减值准备后的金额。

(3) 固定资产盘亏造成的损失，应当计入当期损益。

三、固定资产核算岗位工作任务

工作任务项目	任务名称	任务描述
任务一	固定资产初始计量	按照固定资产确认制度完成固定资产入账，建立固定资产卡片。
任务二	固定资产后续计量	按照固定资产使用过程中变化情况进行相应账务处理。
任务三	固定资产处置和清查	按照企业制度进行固定资产清查和处置。

四、固定资产核算岗位工作流程

<table>
<tr><td rowspan="4">固定资产初始计量（一）</td><td>外购固定资产核算</td><td rowspan="2">审核发票和固定资产调拨单→付款→编制凭证</td></tr>
<tr><td>自建固定资产核算</td></tr>
<tr><td>接受捐赠固定资产核算</td><td rowspan="2">签订协议→审核发票和固定资产调拨单→付款→编制凭证</td></tr>
<tr><td>投资者投入固定资产核算</td></tr>
<tr><td rowspan="3">固定资产后续计量（二）</td><td>固定资产折旧核算</td><td>根据固定资产明细账查询上月新增或减少的固定资产→编制折旧计算表→编制凭证</td></tr>
<tr><td>固定资产修理核算</td><td>提出申请→主管签批→核实基本情况→编制凭证</td></tr>
<tr><td>固定资产减值核算</td><td>年末对固定资产进行减值测试→编制固定资产减值准备计提表→编制凭证</td></tr>
<tr><td rowspan="2">固定资产处置和清查（三）</td><td>固定资产出售、报废或毁损核算</td><td>对已报废或毁损、出售的固定资产进行核查→督促处置固定资产→核实固定资产的基本情况→审核固定资产转出单→编制凭证</td></tr>
<tr><td>固定资产清查核算</td><td>年末组织有关人员进行固定资产盘点→整理固定资产明细表→编制凭证</td></tr>
</table>

五、固定资产核算岗位技能训练

1．技能训练目的

（1）掌握固定资产初始计量的核算。

（2）掌握固定资产后续计量的核算。

（3）掌握固定资产处置和清查的核算。

2．技能训练要求

认真分析经济业务，识别、填写固定资产业务的原始凭证；依据原始凭证独立完成记账凭证的编制；依据相关资料计算固定资产折旧并编制折旧计算分配表。

3．技能训练设计

（1）形式：单人独立完成。

（2）时间：6 学时。

（3）用品：通用记账凭证。

任务一　固定资产初始计量

安顺市黄果树新创公司 2019 年 6 月有关经济业务如下：

（1）6 月 2 日，向重庆天宇钢铁有限责任公司购入卡车一辆，车已验收合格。

贵州省增值税专用发票

全国统一发票监制章 发票联 国家税务总局监制

No 00024961

2019 年 6 月 2 日

购货单位	名　　称：安顺市黄果树新创公司 纳税人识别号：520423631112295 地 址、电 话：安顺市黄果树城南路188号 0853-33765606 开户行及账号：工行安顺黄果树支行 583-803366	密码区	45612*785214*96321458- 52149- 62*789/552116945/76541- 002/12-〈0012-4512××× 156-*/15466/63-/〈0/1-46

货物或应税劳务名称	规格型号	单位	数量	单价	金额	税率	税额
卡车		辆	1	80000.00	80000.00	13%	10400.00
合　计					￥80000.00		￥10400.00
价税合计（大写）⊗玖万零肆佰元整					（小写）￥90400.00		

销货单位	名　　称：重庆天宇钢铁有限责任公司 纳税人识别号：500105448944560 地 址、电 话：33229651 开户行及账号：工行重庆市新区支行 2564387554	备注	重庆天宇钢铁有限责任公司 500105448944560 发票专用章

收款人：张丹　　复核：李运　　开票人：张结彩　　销货单位：（章）

第一联：发票联　购买方核算采购成本和增值税进项税额的记账凭证

固定资产验收交接单

2019 年 6 月 3 日　　　　　　　　编号：

<table>
<tr><td>资产编号</td><td>资产名称</td><td>规格型号</td><td>计量单位</td><td>数量</td><td>设备价值或工程造价</td><td>设备基础及安装费用</td><td>附加费用</td><td>其他</td><td>合计</td></tr>
<tr><td>00222</td><td>卡车</td><td>1201</td><td>辆</td><td>1</td><td>80 000 元</td><td></td><td></td><td></td><td>80 000 元</td></tr>
<tr><td colspan="2">资金来源</td><td colspan="2">自费</td><td>耐用年限</td><td rowspan="6">主要附属设备</td><td>附件名称</td><td>规格</td><td>单价</td><td>合计</td></tr>
<tr><td colspan="2">制造厂家</td><td colspan="2">重庆天宇钢铁公司</td><td>10</td><td></td><td></td><td></td><td></td></tr>
<tr><td colspan="2">出厂日期</td><td colspan="2">2019 年 6 月 30 日</td><td>折旧率</td><td></td><td></td><td></td><td></td></tr>
<tr><td colspan="2">出厂编号</td><td colspan="2">AD05621698</td><td></td><td></td><td></td><td></td><td></td></tr>
<tr><td colspan="2">估计残值</td><td colspan="2"></td><td></td><td></td><td></td><td></td><td></td></tr>
<tr><td colspan="2">接管部门</td><td colspan="2"></td><td colspan="6">备注：</td></tr>
</table>

交验收部门主管：　　　　移交人：　　　　接管部门主管：　　　　接管人：

中国工商银行　电汇凭证（回单）　1

□普通　□加急　　　　委托日期：2019 年 6 月 02 日

<table>
<tr><td rowspan="3">汇款人</td><td>全　称</td><td>安顺市黄果树新创公司</td><td rowspan="3">收款人</td><td>全　称</td><td>重庆市天宇钢铁有限责任公司</td></tr>
<tr><td>账　号</td><td>583-803366</td><td>账　号</td><td>2564387554</td></tr>
<tr><td>汇出地点</td><td>贵州 省 安顺 市/县</td><td>汇出地点</td><td>省重庆 市/县</td></tr>
<tr><td colspan="2">汇出行名称</td><td>工行安顺黄果树支行</td><td colspan="2">汇入行名称</td><td>工行重庆市新区支行</td></tr>
<tr><td>金额</td><td colspan="4">人民币（大写）玖万零肆佰元整</td><td>亿 千 百 十 万 千 百 十 元 角 分
¥ 9 0 4 0 0 0 0</td></tr>
<tr><td colspan="3" rowspan="2">中国工商银行黄果树支行
2014年12月05日
转　账
转讫
汇出行签章</td><td colspan="2">支付密码</td><td></td></tr>
<tr><td colspan="3">附加信息及用途：
复核　记账</td></tr>
</table>

此联汇出行给汇款人的回单

（2）6 月 21 日，购入钻床一台，需要安装。6 月 25 日公司开出商业承兑汇票一张，期限为三个月，票面金额为 455 836.00 元。

贵州省增值税专用发票

发票联

No 00002369

2019年6月21日

购货单位	名　　称：安顺市黄果树新创公司				密码区	45612*785214*96321458-52149-62*789/552116945/76541-002/12-〈0012-4512××× 156-*/15466/63-/〈0/1-46	
	纳税人识别号：520423631112295						
	地 址、电 话：安顺市黄果树城南路188号 0853-33765606						
	开户行及账号：工行安顺黄果树支行 583-803366						
货物或应税劳务名称	规格型号	单位	数量	单价	金额	税率	税额
钻床		台	1	386000.00	386000.00	13%	50180.00
合　计					¥386000.00		¥50180.00
价税合计（大写）⊗肆万叁仟陆佰壹拾捌元整					（小写）¥436180.00		
销货单位	名　　称：浙江省苍南华福制造厂				备注	浙江省苍南华福制造厂 330327527912548 发票专用章	
	纳税人识别号：330327527912548						
	地 址、电 话：33646748						
	开户行及账号：工行苍南华福办事处 785216943						

收款人：姜红　　复核：王军　　开票人：罗芳　　销货单位：（章）

第一联：发票联　购买方核算采购成本和增值税进项税额的记账凭证

商业承兑汇票（存根）　1

出票日期：贰零壹肆 年 壹拾贰 月 贰拾伍 日　　汇票号码
（大写）

收款人	全　　称	浙江省苍南华福制造厂	付款人	全　　称	安顺市黄果树新创公司		
	账　　号	785216943		账　　号	583-803366		
	开户银行	工行苍南华福办事处		开户银行	工行安顺黄果树支行	行号	3703
出票金额	人民币（大写）肆万叁仟陆佰壹拾捌元整				亿 千 百 十 万 千 百 十 元 角 分	¥ 4 3 6 1 8 0 0 0	
汇票到期日（大写）	贰零壹伍年零叁月贰拾伍日	付款人开户行	行号				
交易合同号码			地址				
出票人签章	安顺市黄果树新创公司 财务专用章　王天印	备注：					

公路、内河货物运输业统一发票

发票联

开票日期：2019-6-23　　　　发票代码：30214947857　　发票号码：00100555

机打代码 机打号码 机器编号					税控码			
收货人及纳税人识别码	安顺市黄果树新创公司 520423631112295				承运人及纳税人识别码		苍南第二货运公司 330327667955340	
发货人及纳税人识别码	浙江省苍南华福制造厂				主管税务机关及代码			
运输项目及金额	货物名称	数量	运价	里程	金额（元）	其他项目及金额	搬运装卸费 仓储费 保险费 其他	备注： 起运地：浙江省苍南 到达地：贵州安顺市
		1			4216.00			
运费小计	¥4216.00					其他费用小计	0.00	
合计（大写）	肆仟贰佰壹拾陆元整					（小写）¥4216.00		

第一联　发票联　付款方记账凭证

承运人盖章：　　　　收款人：周游　　　　开票人：洪亮

（3）6月25日，支付安装费。

建筑安装行业专用发票

客户名称：安顺市黄果树新创公司　　　　2019年6月25日　　　　建字：045632111

工程项目	摘要	单位	数量	单价	金额							
					十	万	千	百	十	元	角	分
安装钻床	安装费				¥	4	2	8	0	0	0	0
合计	人民币（大写）	肆万贰仟捌佰元整			（小写）¥42800.00							

第二联　发票联

收款单位盖章：　　　　经办人：杨梅　　　　收款人：胡琴

中国工商银行

转账支票存根

XIV 06334789

附加信息

出票日期 2019年6月25日

收款人：	南海市安装公司
金　额：	42800.00
用　途：	钻床安装费

单位主管　　会计

固定资产验收交接单

2019 年 6 月 25 日　　　　编号：

资产编号	资产名称	规格型号	计量单位	数量	设备价值或工程造价	设备基础及安装费用	附加费用	其他	合计
	铭床	台	1						

资金来源	自费	耐用年限	主要附属设备	附件名称	规格	单价	合计
制造厂家	浙江省苍南华福制造厂	10					
出厂日期	2019 年 6 月 21 日	折旧率					
出厂编号							
估计残值率	1%						
接管部门		备注：					

交验收部门主管：　　　　移交人：　　　　接管部门主管：　　　　接管人：

（4）6 月 26 日，安顺市天宇公司以一台机床对安顺市黄果树新创公司进行投资。

投资协议书

今由天宇公司以一台机床，对黄果树新创公司进行投资。该机床原值98 000元，已提折旧28 000元，现行评估价值70　000元。双方协商以评估价值认定投资额，即70 000元，占黄果树新创公司5%的股份。黄果树新创公司应按天宇公司所占股份，　根据董事会议比例予以分配红利；天宇公司应按投资所占股份比例承担黄果树新创公司的亏损额。

本协议自签字之日起生效，若一方违约，按有关法律条款处理。

投资方
单位名称（章）：安顺市天宇公司
单位地址：安顺市市东路102号
法人代表人：张朝军
委托代理人：
电话：0853-33321788
开户银行：中国工商银行安顺塔山支行 行号4722
账号：583-782213

接受投资方
单位名称（章）：安顺市黄果树新创公司
单位地址：安顺市黄果树城南路188号
法人代表人：王天一
委托代理人：
电话：0853-33765606
开户银行：中国工商银行安顺黄果树支行 行号3703
账号：583-3803366

固定资产入账（出账）通知单

使用单位：安顺市黄果树新创公司　　　　2019 年 6 月 26 日　　　　编号：

类别	资产编号	固定资产名称	规格型号	建造单位			数量
				名称	日期	编号	
设备	065	机床		沈阳机床厂	2007. 12	00142	1 台
原值	折旧额		使用年限	预计净残值	累计折旧	净值	所在地
	应提折旧总额	月折旧额					
98000 元	94000 元	117 元	9 年	4000 元	28000 元	70000 元	
入账（出账）原因			接受安顺市天宇公司投资				

（5）6 月 26 日，接受捐赠旧设备一台，未提供有关发票。

捐赠固定资产交接单

2019 年 6 月 26 日

名称	规格	单位	数量	使用年限	已使用年限	评估价	已提折旧	净值
车床	A1 型	台	1	10 年	4 年	286000 元	115000 元	171000 元
捐赠人	安顺市天马公司			被捐赠人	安顺市黄果树新创公司			
备　注								

记账凭证

年　月　日　　　　凭证编号：______

摘要	借方科目	金额											贷方科目	金额										
		亿	千	百	十	万	千	百	十	元	角	分		亿	千	百	十	万	千	百	十	元	角	分
	合计																							

附单据　张

会计主管：　　记账：　　制单：　　出纳：　　缴款人：

任务二　固定资产后续计量

（1）6 月 27 日，向中天安装公司支付办公楼维修费。

中国工商银行
转账支票存根
XIV 06334790
附加信息

出票日期 2019 年 6 月 27 日

收款人：	中天安装公司
金　额：	28600.00
用　途：	办公楼维修费

单位主管　　会计

建筑安装行业专用发票

全国统一发票监制章 国家税务总局监制

客户名称：安顺市黄果树新创公司　　2019 年 6 月 27 日　　建字：0062820

工程项目	摘要	单位	数量	单价	金额							
					十	万	千	百	十	元	角	分
办公楼维修	支付修理费				¥	2	8	6	0	0	0	0
合计	人民币（大写）	贰万捌仟陆佰元整			（小写）¥28600.00							

安顺中天安装公司 520423668322050 发票专用章

单位盖章：　　会计：　　复核：王上月　　收款人：项键

（7）6 月 31 日，编制折旧计算表。

折旧计算表

2019 年 6 月 31 日

使用固定资产部门	类别	年折旧率	应计折旧固定资产原价（万元）	计提本月折旧额 (元)
基本生产车间	房屋	2%	320	
	机器设备	18%	80	
供热车间	房屋	2%	180	
	机器设备	18%	28	
机修车间	房屋	2%	120	
	机器设备	18%	60	
管理部门	房屋	2%	250	
	机器设备	22%	220	
合计				

记账凭证

年　月　日　　凭证编号：________

摘要	借方科目	金额											贷方科目	金额										
		亿	千	百	十	万	千	百	十	元	角	分		亿	千	百	十	万	千	百	十	元	角	分
	合计																							

附单据　张

会计主管：　　记账：　　制单：　　出纳：　　缴款人：

任务三　固定资产处置和清查

（1）6 月 10 日，简易仓库因遭受火灾损失，转入报废清理。

固定资产报废申请表

使用单位：安顺市黄果树新创公司　　　　2019 年 6 月 10 日

固定资产名称	简易仓库			规定使用年限	6年	原值	120000元
型号规格	砖木石棉瓦			已提折旧年限	4年	已提折旧	78000元
单位	间	数量	1	预计收回残值	3000元	补提折旧	
						净值	42000元
资产编号		所在地					
报废原因及现状	2019年6月5日，因仓库电路老化加上负荷大，产生电弧发生火灾。						
审批意见							
主管局			使用单位		技术鉴定小组		
同意报废。 负责人：刘海一			无法使用。 负责人：王清		协议属实。 负责人：马明基		

固定资产入账（出账）通知单

使用单位：　　　　2019 年 6 月 10 日　　　　编号：

类别	资产编号	固定资产名称	规格型号	建造单位			数量
				名称	日期	编号	
建筑的	J086	南易仓库					
原值	折旧额		使用年限	预计净残值	累计折旧	净值	所在地
	应提折旧总额	月折旧额					
120.000	117000	1625	6年	3000元	78000	42000	
入账（出账）原因			发生火灾，报废				

经办人：

（2）6 月 12 日，支付报废仓库的清理费 3 000 元。

中国工商银行
转账支票存根
XIV 06334784

附加信息

出票日期 2019 年 6 月 12 日

收款人：	亮洁清理公司
金　额：	3000.00
用　途：	支付清理费

单位主管　　会计

安顺市服务业统一发票

发票联

客户名称：安顺市黄果树新创公司　　2019 年 6 月 12 日　　No 0164888

服务项目	收款内容提要	单位	数量	单价	金额							
					十	万	千	百	十	元	角	分
清理费						¥	3	0	0	0	0	0
合计	人民币（大写）	叁仟元整			（小写）¥3000.00							

安顺亮洁清理公司 520423234562545

收款单位盖章：　　经办人：黄小琴　　收款人：张家兵

（3）6 月 20 日，收到保险公司赔款，并结算报废仓库的清理损益。

资金汇划（贷方）补充凭证

回单

收报日期：2019.6.20	发报日期：2019.6.19
收报流水号：36952871	发报流水号：54982147
收报行行号：8527410	发报行行号：9638520
收报行行号：工行安顺黄果树支行	发报行行号：工行安顺塔山支行
收款人账号：583-803366	付款人户名：3594162478
收款人户名：安顺市黄果树新创公司	付款人户名：中国人民保险公司安顺分公司
大写金额：肆万零陆佰元整	小写金额：¥40 600.00
业务种类：转账	延时付款指令：非延时付款
用途：仓库的赔偿款	打印日期：2019.6.20
附言：	

收电：　　记账：　　复核：

固定资产清理结转表

2019 年 6 月 20

固定资产名称	南昌仓库		使用单位		
原始价值	120000	累计折旧	78000	账面价值	
清理费用		残料入库		变价收入	
清理收益		清理损失		其他	

制单： 经办人：

（4）6 月 28 日，查明月初固定资产盘亏的原因，经厂长、经理会议批准予以处理。

固定资产盘盈盘亏报告表

2019 年 6 月 28 日

资产编号	固定资产名称	规格型号	计量单位	盘盈			盘亏			原因
				数量	重置价值	估计已提折旧	数量	原价	已提折旧	
01	砂轮机		台				1	3000	1700	借出未收回，查无下落

主管部门批准意见：同意核销 财务部门负责人：赵红艳 设备部门负责人：李刚

（5）6 月 26 日出售汽车。

中国工商银行 进账单 （回单） 1

2019 年 6 月 26 日

收款人	全称	安顺市黄果树新创公司	付款人	全称	安顺市公交公司
	账号	583-803366		账号	2564987584
	开户银行	工行安顺黄果树支行		开户银行	工行安顺新区支行

金额	人民币（大写）贰万玖仟叁佰捌拾元整	亿	千	百	十	万	千	百	十	元	角	分
					¥	2	9	3	8	0	0	0

票据种类	转支	票据张数	1
票据号码			
		复核 记账	

中国工商银行安顺黄果树支行 2014年12月25日 转 账 转讫

此联是开户银行交给持（出）票人的回单

贵州省增值税专用发票

No 08905892
2019年6月26日

发票联（全国统一发票监制章 国家税务总局监制）

购货单位	名　　称：安顺市公交公司 纳税人识别号：520423478944560 地址、电话：33229651 开户行及账号：工行安顺新区支行 2564987584				密码区	45612*785214*96321458-52149-62*789/582116945/78541--002/12-〈0012-4512×××156-*/15468/63+/〈0/1-46	
货物或应税劳务名称	规格型号	单位	数量	单价	金额	税率	税额
富迪汽车		辆	1	26000.00	26000.00	13%	3380.00
合　计					¥26000.00		¥3380.00
价税合计（大写）	⊗贰万玖仟叁佰捌拾元整				（小写）¥29380.00		
销货单位	名　　称：安顺市黄果树新创公司 纳税人识别号：520423631112295 地址、电话：安顺市黄果树城南路118号 0853-33765606 开户行及账号：工行安顺黄果树支行 583-803366				备注	安顺市公交公司 520423631112295 发票专用章	

第一联：发票联　购买方核算采购成本和增值税进项税额的记账凭证

收款人：张丹　　复核：李逸　　开票人：张结彩　　销货单位：（章）

固定资产入账（出账）通知单

使用单位：安顺市公交公司　　2019年6月26日　　编号：

类别	资产编号	固定资产名称	规格型号	建造单位 名称	建造单位 日期	建造单位 编号	数量
交通工具	0784	富迪汽车	普通型	广州富迪汽车公司	2001.9	1361	1辆
原值	折旧额 应提折旧总额	折旧额 月折旧额	使用年限	预计净残值	累计折旧	净值	所在地
112000元	107500元	896元	10年	4500元	82000元	26000元	
入账（出账）原因			转让给市公交公司				

（6）6月30日，收到荣华公司房屋租金15 000元。

收　　据

2019年6月30日

交款单位 荣华公司房屋租金（一年）　　交款方式 现金

人民币（大写） 壹万伍仟元整　　（小写）￥15000.00

收款事由：出租房屋

财务专用章

第二联　交给付款单位

收款单位（盖章）　　收款人：吴晶莹　　开票人：李格

记账凭证

年　月　日　　凭证编号：________

摘要	借方科目	金额											贷方科目	金额										
		亿	千	百	十	万	千	百	十	元	角	分		亿	千	百	十	万	千	百	十	元	角	分
	合计																							

附单据　张

会计主管：　　记账：　　制单：　　出纳：　　缴款人：

第三章　销售核算岗位

一、销售核算岗位认知

企业为了实现销售目标，通常会采用多种销售方式和销售政策，作为销售核算会计要能根据收入确认原则和销售方式确认收入、确定销售成本计算方法，正确核算企业不同的销售业务收入和成本结转是核算企业经营成果的关键。

二、销售核算岗位工作标准

（一）销售收入的确认原则

企业销售商品时，能否确认收入，关键要看该销售是否能同时符合或满足以下5个条件，对于能同时符合以下5个条件的商品销售，应按会计准则的有关规定确认销售收入，反之则不能予以确认。在具体分析时，应遵循权责发生制和实质重于形式的原则，注重会计人员的职业判断。

1. 企业已将商品所有权上的主要风险和报酬全部转移给购买方

风险主要是指商品由于贬值、损坏、报废等造成的损失；报酬是指商品中包含的未来经济利益，包括商品因增值以及直接使用该商品所带来的经济利益。如果一项商品发生的任何损失均不需要本企业承担，带来的经济利益也不归本企业所有，则意味着该商品所有权上的风险和报酬已转移给购买方。判断一项商品所有权上的主要风险和报酬是否已转移给购买方，需要视不同情况而定。

2. 企业既没有保留通常与所有权相联系的继续管理权，也没有对已售出商品实施控制

3. 收入的金额能够可靠地计量

收入能否可靠地计量是确认收入的基本前提。企业在销售商品时，售价通常已经确定，但销售过程中由于某些不确定因素，也有可能出现售价变动的情况，则在新的售价未确定之前，即使款项已经收到，也不应确认收入，而应将其实际收到的款项作为预收账款处理。等新的售价确定后，再按预收款销售产品的有关规定，进行确认收入、补收或退回多收款项的账务处理。

4. 相关的经济利益很可能流入企业

经济利益是指直接或间接流入企业的现金或现金等价物。在销售商品的交易中，与交易相关的经济利益即为销售商品的价款。很可能是指经济利益流入企业的可能性超过50％。销售商品的价款能否有把握收回，是收入确认的一个重要条件。企业在销售商品时，如估计价款收回的可能性不大，即使收入确认的其他条件均已满足，也不应当确认收入。

5. 相关已发生或将发生成本能够可靠地计量

根据收入和费用相配比的原则，与同一项销售有关的收入和成本应在同一会计期间予以确认。因此，如果成本不能可靠地计量，即使其他条件均已满足，相关的收入也不能确认，如已收到价款，收到的价款应确认为一项负债。

（二）销售成本结转方法

计算商品销售成本是一项重要而繁重的工作，它直接关系到期末库存商品的价值及企业的经营成果是否正确。因此，就有必要根据各企业的特点，采用适当的方法，正确地计算商品销售成本。一旦确定了计算商品销售成本的方法后，在同一会计年度内不得随意变更。计算商品销售成本的方法，主要有个别计价法（分批实际进价法）、月末加权平均法、移动加权平均法、先进先出法和毛利率推算法等。

1. 个别计价法

个别计价法又称分批实际进价法，是认定每一件或每一批商品的实际进价，计算该件或该批商品销售成本的一种方法。在整批购进分批销售时，可以根据该批商品的实际购进单价，乘以销售量来计算商品销售成本。其计算公式如下：

商品销售成本＝商品销售数量×该件（批次）商品购进单价

2. 月末加权平均法

月末加权平均法是指在一个计算期内（一般为一个月），综合计算每种商品的加权平均单价，再乘以销售数量，计算商品销售成本的一种方法。其计算公式如下：

加权平均单价＝（期初结存商品金额＋本期收入商品金额
－本期非销售发出商品金额）÷（期初结存商品数量
＋本期收入商品数量－本期非销售发出商品数量）

本期商品销售成本＝本期商品销售数量×加权平均单价

期末结存商品金额＝期末结存商品数量×加权平均单价

本期商品销售成本＝期初结存商品金额＋本期收入商品金额－期末结存商品金额

3. 移动加权平均法

移动加权平均法是指以各次收入数量和金额与各次收入前的数量和金额为基础，计算出移动加权平均单价，再乘以销售数量，计算商品销售成本的一种方法。其计算公式如下：

移动加权平均单价＝（本次收入前结存商品金额＋本次收入商品金额）
÷（本次收入前结存商品数量＋本次收入商品数量）

商品销售成本＝商品销售数量×移动加权平均单价

4. 先进先出法

先进先出法是根据先购进先销售的原则，以先购进商品的价格，作为商品销售成本的一种计算方法。根据需要，采用先进先出法计算商品销售成本。其具体做法是：先按最早购进商品的进价计算，销售完了，再按第二批购进商品的进价计算，依次类推。如果销售的商品属于前后两批购进的，单价又不相同时，就要分别用两个单价计算。

5. 毛利率推算法

毛利率推算法是根据本期商品销售收入乘以上季度实际毛利率或本季度计划毛利率，推算出商品销售毛利，进而推算出商品销售成本的一种方法。其计算公式如下：

本期商品销售毛利＝本期商品销售收入×上季度实际毛利率

本期商品销售成本＝本期商品销售收入－本期商品销售毛利

上列计算公式可以简化如下：

本期商品销售成本＝本期商品销售收入×（1－上季度实际毛利率）

采用毛利率推算法，不是按库存商品品名、规格逐一计算商品销售成本，而是按商品类别进行计算，大大简化了企业的计算工作。由于同一类别内商品的毛利率不尽相同，因此，计算出来的商品销售成本不够准确，一般适用于经营商品品种较多、按月计算商品销售成本有困难的企业。

（三）各种销售方式部门岗位制度

1. 收款方式销售

销售部门：销售内勤（订单管理员）在开具销售清单时，应严格执行公司价格政策。

财务部门：①会计：根据收款收据记账联、销售清单记账联确认收入；根据出库单记账联结转销售成本；也可以根据日常纸质单据，复核财务信息系统内的数据，在财务信息系统中审核签字，月底汇总生成记账凭证。②出纳：根据销售清单办理收款，开具收据（或发票），保管货款，存入银行，登记日记账，做到日清月结。

库管：审核收据和销售清单，按单发货，填出库单，客户签收，传递销售清单和出库单记账联到财务做账（次日传递到财务）。

2. 赊销方式销售

销售部门：销售部门严格执行赊销审批制度，开具的销售清单必须由销售经理审批签字，严格执行公司价格政策。

供应部门：负责货物的运输、送货等工作，核查发货规格、数量，审查包装保护是否符合要求；根据客户需求安排适当的发货方式，并按时交回已签收的销售清单到库管；与物流承运方签订发货协议，追踪物流信息动态，联络收货人及时接货，货到客户在送货单上签字后业务完成；如因物流而出现问题，供应部门应及时联络物流公司进行后续事宜处理。

财务部门：①会计：根据签字审批的销售清单记账联挂应收款客户，确认收入；根据库管传递的出库单结转销售成本；每月提供应收款明细账，与销售部门对账和催收。②出纳：及时办理和核实已收款情况。

库管：审核已签字的销售清单，按单发货，填出库单，送货人签收，销售清单记账联、出库单记账联、货运单交回财务。

3. 预付款方式销售

销售部门：销售部门严格执行预付款销售审批制度，必须经销售经理签字和财务核实预收款后签字；严格执行公司价格政策，如果客户销售价格有特殊情况时，销售清单必须由营销副总签字确认价格；送货人按销售部门安排运输货品，并按时交回已签收的销售清单到库管［采用邮寄方式的销售内勤（订单管理员）需与客户核实验货］。

财务部门：①会计：根据签字审批的销售清单记账联冲销预收款，确认收入；根据库管传递的出库单结转销售成本；每月提供预收款明细账，与销售部门对账和催收。②出纳：及时办理和核实已收款情况。

库管：审核已签字的销售清单，按单发货，填出库单，送货人签收，销售清单记账联和出库单记账联交回财务。

三、销售核算岗位工作任务

工作任务项目	任务名称	任务描述
任务一	收款方式销售	按照公司销售政策和流程审核销售发票； 正确确认收入，填制记账凭证。
任务二	赊销方式销售	按照公司销售政策和流程审核赊销手续，审核发票； 正确确认收入和往来款项，填制记账凭证。
任务三	预收款方式销售	按照公司销售政策和流程审核收款情况，核实发货发票； 正确确认收入和往来款项，填制记账凭证。
任务四	其他销售（委托代销、材料销售）	按照公司销售政策和流程审核委托代销出库和销售清单； 正确确认收入，结算往来款项，填制记账凭证。
任务五	销售成本结转	按照财务核算办法结转销售成本，填制记账凭证。
任务六	登记销售收入明细账和往来账	完成本月销售收入、往来款项登记进行收入统计和往来款项的清收。

四、销售核算岗位工作流程

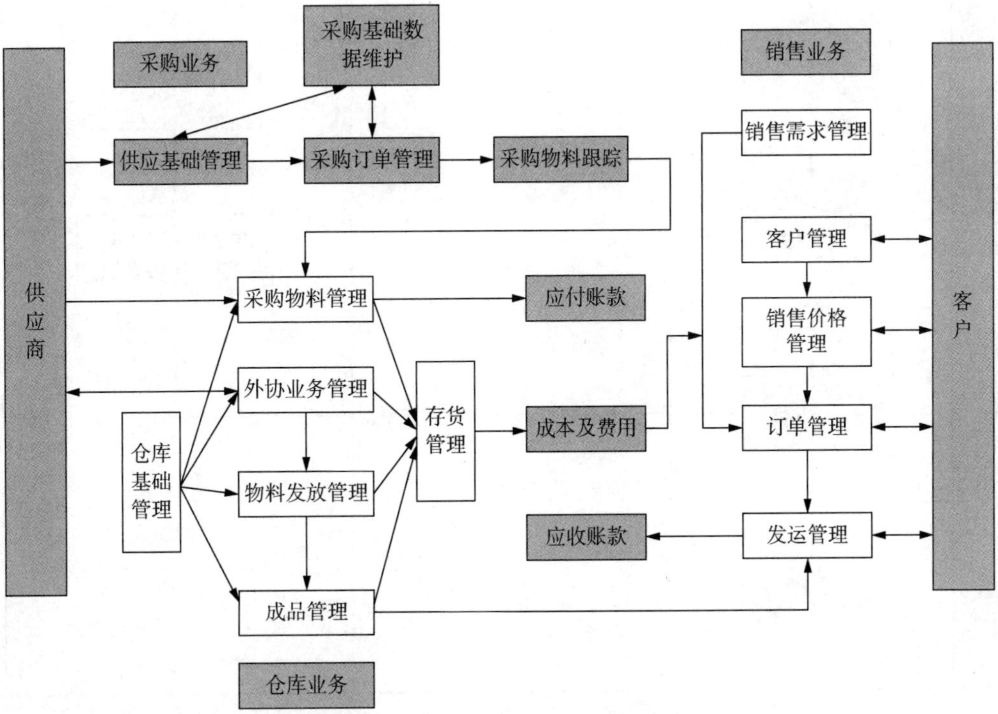

图 3-1　销售核算岗位工作流程图

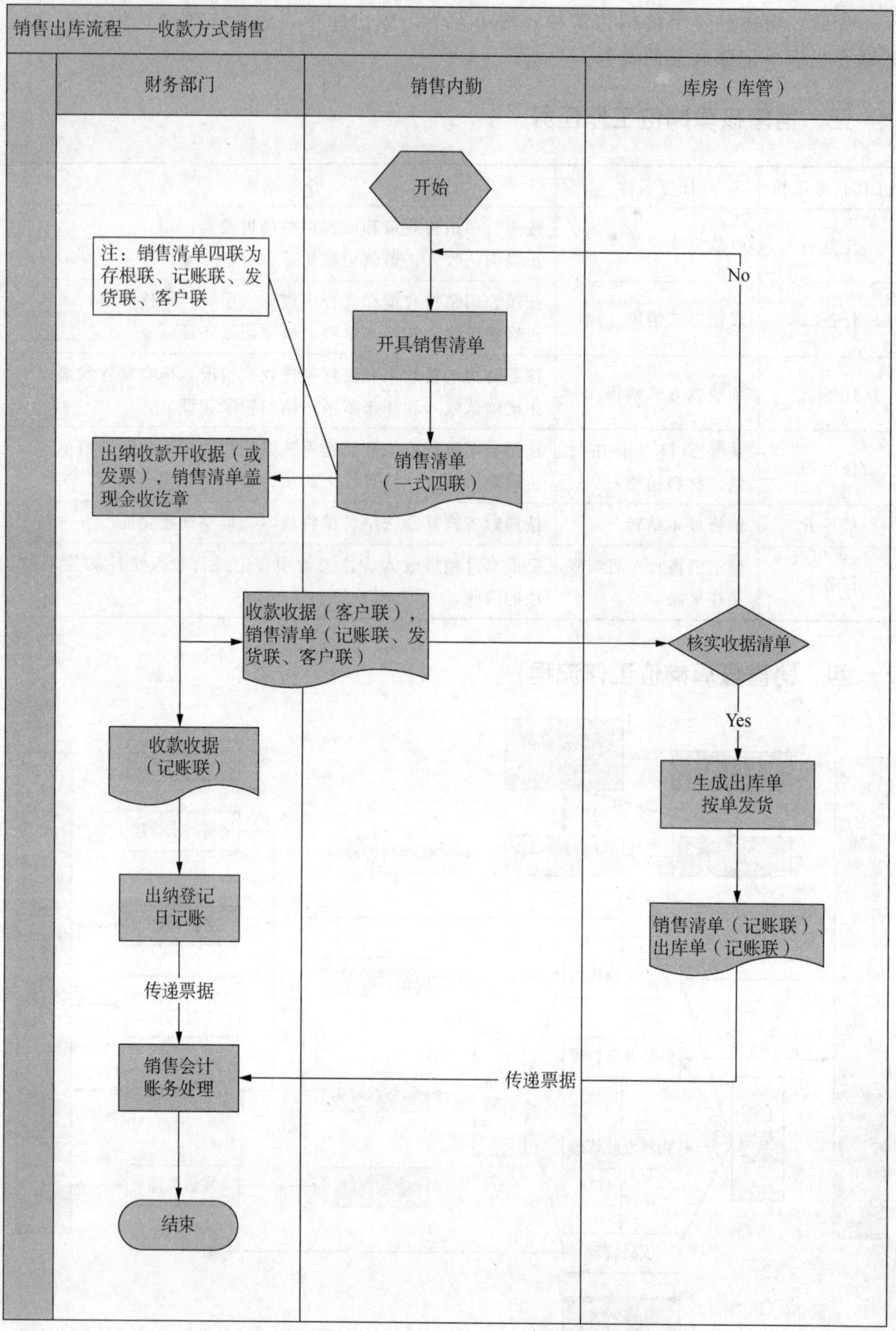

图 3-2　销售出库流程——收款方式销售

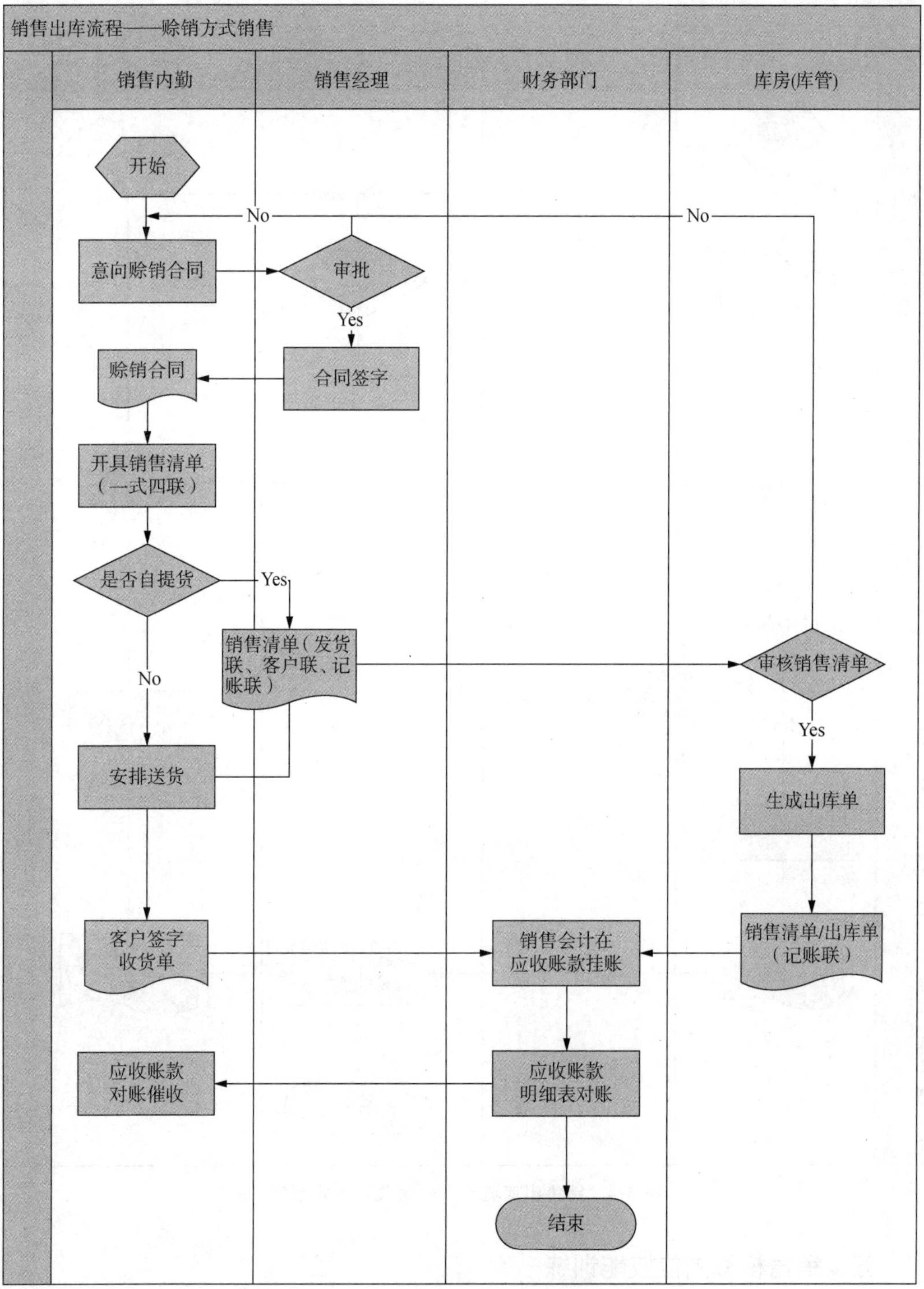
销售出库流程——赊销方式销售
销售内勤
销售经理
财务部门
库房(库管)
开始
No
No
意向赊销合同
审批
Yes
赊销合同
合同签字
开具销售清单（一式四联）
是否自提货
Yes
销售清单（发货联、客户联、记账联）
审核销售清单
No
Yes
安排送货
生成出库单
客户签字收货单
销售会计在应收账款挂账
销售清单/出库单（记账联）
应收账款对账催收
应收账款明细表对账
结束

图 3-3　销售出库流程——赊销方式销售

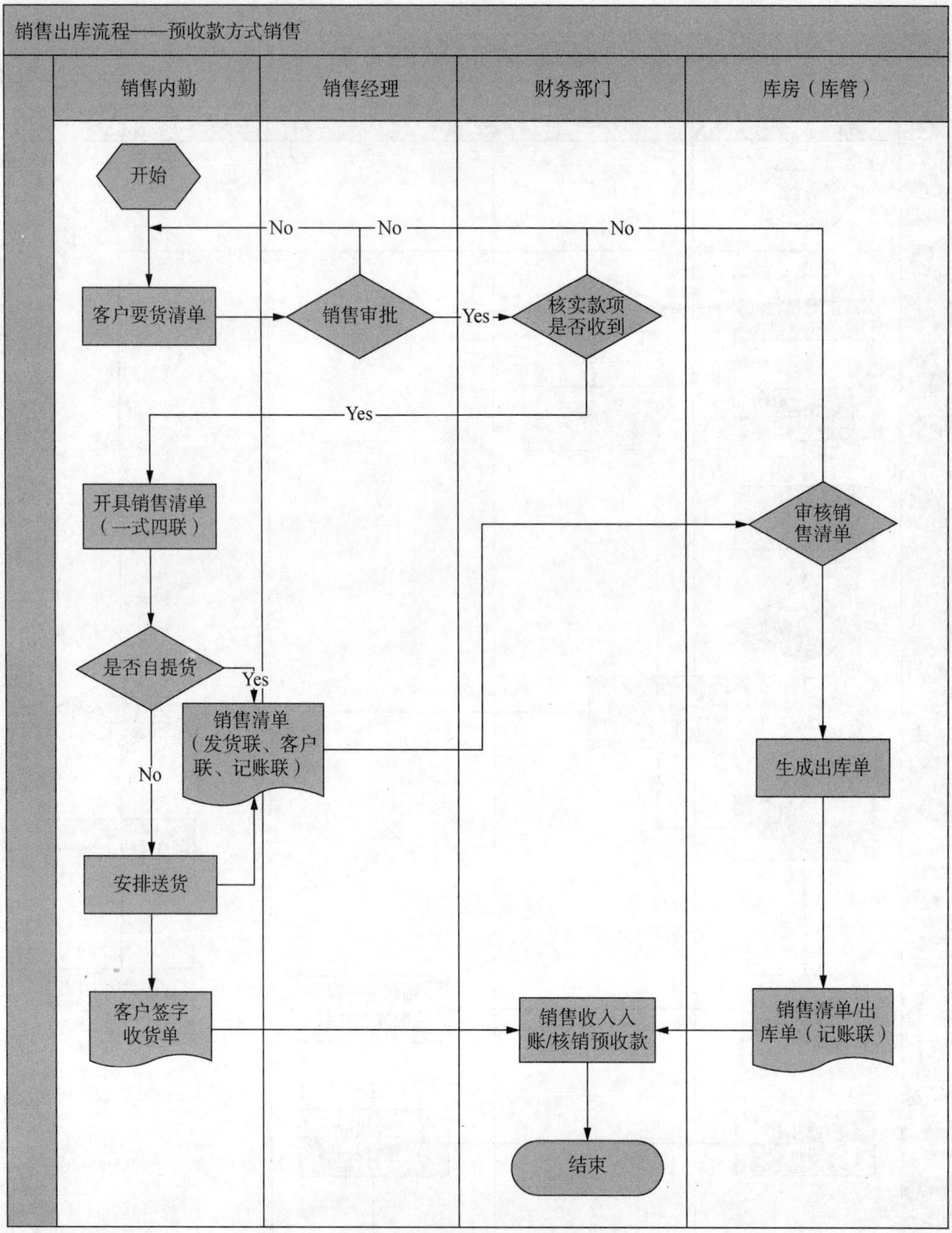

图 3-4　销售出库流程——预收款方式销售

五、销售核算岗位技能训练

1. 技能训练目的

培养学生的销售岗位实践操作能力，通过实训，使学生能够系统、全面地掌握企业销售核算的流程和方法，将会计理论知识和会计实务工作有机地结合在一起。

2. 技能训练要求

（1）理解收入确认原则，能正确确认收入实现的时间。

（2）正确编制在不同结算方式条件下收入实现的会计凭证。

（3）根据企业销售实际情况选择成本结转方法。

（4）编制主营业务成本计算表，准确计算并结转销售成本。

3. 技能训练设计

（1）形式：分组集中实训。

（2）时间：16 学时。

（3）用品：通用记账凭证。

任务一　收款方式销售

6 月 1 日，销售甲产品 100 件，单价 120 元；收到支票，将有关款项存入银行。购货单位：安顺永峰煤焦有限公司，纳税人识别号：520422100215631；地址：安顺市西秀区太平小区 16 号；电话：0853－33222563；开户银行：中国工商银行安顺太平小区分理处；账号 456224-22。

工作流程：完成审核增值税专用发票、商品出库单等凭证；编制销售记账凭证。

贵州省增值税专用发票　　　　No08905860

发票联

校验码：　　　　　　　　　　开票日期：2019 年 6 月 1 日

购货单位			密码区
	名　称	安顺永峰煤焦有限公司	略
	纳税人识别号	210422100215631　：3222563	
	地址、电话	安顺市西秀区太平小区 16 号	
	开户行及账号	工商银行太平小区分理处　456224-22	

货物或应税劳务名称	单位	数量	单价	金额 千	百	十	万	千	百	十	元	角	分	税率 %	金额 百	十	万	千	百	十	元	角	分
甲产品	件	100	120				1	2	0	0	0	0	0	13				1	5	6	0	0	0
合　计							1	2	0	0	0	0	0					1	5	6	0	0	0

价税合计（大写）	壹万叁仟伍佰陆拾元整

销货单位			备注
	名　称	安顺市黄果树新创公司	
	纳税人识别号	603001112295	
	地址、电话	黄果树城南路 188 号　0853－3765606	
	开户行及账号	安顺工商银行黄果树支行　583-803366	

收款人：陈婷　　复核：曲长　　开票人：张轩

（印章：安顺市黄果树新创公司　发票专用章）

第一联：发票联　购买方核算采购成本和增值税进项税额的记账凭证

工商银行 **进账单** （回 单） **1**

2019 年 6 月 1 日

收款人	全 称	安顺市黄果树新创公司	付款人	全 称	安顺永峰煤焦有限公司
	账 号	583-803366		账 号	456224-22
	开户银行	安顺工商银行黄果树支行		开户银行	工商银行太平小区分理处
金额	人民币（大写）壹万叁仟伍佰陆拾元整			亿 千 百 十 万 千 百 十 元 角 分	1 3 5 6 0 0 0
票据种类	转支	票据张数	1		
票据号码					
		复核 记账			

中国工商银行安顺黄果树支行 2019年6月1日 转账 转讫

此联是开户银行交给持（出）票人的回单

产品出库单 1

存根联

制表日期 2019 年 6 月 1 日

产品名称	甲产品			型号	
单位	件	数量	100	单价 120	单位成本
提货单位	安顺永峰煤焦有限公司			经办人	张宇

主管 记账 保管员 王芳

记账凭证

年 月 日

凭证编号：

摘要	借方科目	金额 亿 千 百 十 万 千 百 十 元 角 分	贷方科目	金额 亿 千 百 十 万 千 百 十 元 角 分
	合计			

附单据 张

会计主管： 记账： 制单： 出纳： 缴款人：

任务二　赊销方式销售

(1) 6 月 6 日，赊销方式销售甲、乙两种产品，产品已托运发出，代垫运费 2 500 元，并向银行办妥委托托收手续。

工作流程：完成审核增值税专用发票、商品出库单等凭证；编制销售收入确认记账凭证。

贵州省增值税专用发票　　**No08905862**

发票联

校验码：　　　　开票日期：2019 年 6 月 6 日

购货单位		密码区
名　称	都匀宏宇公司	
纳税人识别号	803001112275	
地址、电话	都匀桥头堡 125 号	
开户行及账号	都匀桥头堡办事处　0325-789523	

货物或应税劳务名称	单位	数量	单价	金额 千	百	十	万	千	百	十	元	角	分	税率 %	金额 百	十	万	千	百	十	元	角	分
甲产品	件	3500	120			4	2	0	0	0	0	0	0	13			5	4	6	0	0	0	0
乙产品	千克	2800	135			3	7	8	0	0	0	0	0	13			4	9	1	4	0	0	0
合　计					¥	7	9	8	0	0	0	0	0		¥	1	0	3	7	4	0	0	0

5 税合计（大写）　玖拾万零壹仟柒佰肆拾元整　（小写）¥901 740.00

销货单位		备注
名　称	安顺市黄果树新创公司	
纳税人识别号	603001112295	
地址、电话	黄果树城南路 188 号 0853 － 3765606	
开户行及账号	安顺工商银行黄果树支行 583-803366	

收款人：陈　婷　　复核：曲长　　开票人：张轩　　销货单位：（章）

（印章：安顺市黄果树新创公司 发票专用章）

第二联：记账联　销售方核算增值税销项税额的记账凭证

中国工商银行

转账支票存根

XIV 00000000

附加信息

出票日期 2019 年 6 月 6 日

收款人：	安顺运输公司
金　额：	2500.00
用　途：	代垫运费

委托银行收款结算凭证（回单） 1

委托日期： 2019 年 12 月 6 日

<table>
<tr><td colspan="2">业务类型</td><td colspan="6">委托收款（☐邮划、☐电划） 托收承付（☐邮划、☐电划）</td></tr>
<tr><td rowspan="3">付款单位</td><td>全称</td><td colspan="2">都匀宏宇公司</td><td rowspan="3">收款单位</td><td>全称</td><td colspan="2">安顺市黄果树新创公司</td></tr>
<tr><td>账号或地址</td><td colspan="2">都匀桥头堡 125 号 863-803468</td><td>账号</td><td colspan="2">583-803366</td></tr>
<tr><td>开户行</td><td>行号</td><td>7893</td><td>开户行</td><td>安顺工商银行黄果树办事处</td><td>行号 3703</td></tr>
<tr><td>金额</td><td colspan="4">人民币
（大写）玖拾万零肆仟贰佰肆拾元整</td><td colspan="3">亿 千 百 十 万 千 百 十 元 角 分
￥ 9 0 4 2 4 0 0 0</td></tr>
<tr><td colspan="2">款项内容</td><td>货款</td><td>托收凭据名称</td><td>………………
………………</td><td colspan="2">附寄单证张数</td><td>2</td></tr>
<tr><td colspan="2">商品发运情况</td><td colspan="3">货票号 06793</td><td colspan="2">合同名称号码 1</td><td>10--4577</td></tr>
<tr><td colspan="2">备注：

复核 记账</td><td colspan="2">付款人开户银行签章：

年 月 日</td><td colspan="4">付款人注意：
7、 根据支付结算办法，上列委托收款，如在付款期内未拒付时，即视同全部同意付款，以此联代付款通知。
8、 如果提前付款或多付款时，应另写书面通知送银行办理。
9、 如系全部或部分拒付，应在付款期限内另填拒绝付款理由书送银行办理。</td></tr>
</table>

此联作收款人托收回音

产品出库单 1

记账联

出库日期 2019 年 6 月 6 日

产品名称	甲产品				型号		
单位	件	数量	3500	单价	120元	单位成本	
提货单位	都匀宏宇公司（销售部门代办托运）				经办人	张宇	

主管　　　　记账　　　　保管员 王芳

产品出库单 1

记账联

出库日期 2019 年 6 月 6 日

产品名称	乙产品				型号		
单位	千克	数量	2800	单价	135元	单位成本	
提货单位	都匀宏宇公司（销售部门代办托运）				经办人	张宇	

主管　　　　记账　　　　保管员 王芳

记账凭证

年　月　日　　　　　　　　凭证编号：________

摘要	借方科目	金额											贷方科目	金额										
		亿	千	百	十	万	千	百	十	元	角	分		亿	千	百	十	万	千	百	十	元	角	分
	合计																							

附单据　张

会计主管：　　记账：　　制单：　　出纳：　　缴款人：

（2）6月9日，收到银行回单，上述委托收款款项收到。

委托银行收款结算凭证（收账通知）　4

委托日期：　2019 年 6 月 6 日

业务类型	委托收款（□邮划、□电划）　托收承付（□邮划、□电划）						
付款单位	全称	都匀宏宇公司		收款单位	全称	安顺市黄果树新创公司	
	账号或地址	都匀桥头堡 125 号　863-803468			账号	583-803366	
	开户行	都匀桥头堡办事处	行号 7893		开户行	安顺工商银行黄果树办事处	行号 3703
金额	人民币（大写）玖拾万零肆仟贰佰肆拾元整						
款项内容	货款	托收凭据名称	………………	附寄单证张数	2		
商品发运情况	货票号 06793			合同名称号码 1	10--4577		
备注： 复核　记账	付款人开户银行签章：（中国工商银行 2014年6月9日 转账 转讫）			付款人注意：10、根据支付结算办法，上列委托收款，如在付款期内未拒付时，即视同全部同意付款，以此联代付款通知。11、如果提前付款或多付款时，应另写书面通知送银行办理。12、如系全部或部分拒付，应在付款期限内另填拒绝付款理由书送银行办理。			

亿	千	百	十	万	千	百	十	元	角	分
		¥	9	0	4	2	4	0	0	0

此联作收款人开户银行给收款人按期收款的通知

记账凭证

年　月　日　　　　　　　　凭证编号：________

摘要	借方科目	金额											贷方科目	金额										
		亿	千	百	十	万	千	百	十	元	角	分		亿	千	百	十	万	千	百	十	元	角	分
	合计																							

附单据　张

会计主管：　　记账：　　制单：　　出纳：　　缴款人：

（3）6 月 20 日，向关岭宏发贸易公司销售甲、乙两种产品，代垫运费 800 元，并办妥托收手续。给予现金折扣优惠条件 1/10，0.5/20，N/30。

贵州省增值税专用发票　　No08905862

发　票　联

校验码：　　　　　　　　　　开票日期：2019 年 6 月 20 日

购货单位			密码区
	名　称	关岭宏发贸易公司	
	纳税人识别号	310422200341176	
	地址、电话	关岭县天河路 15 号	
	开户行及账号	关岭县支行工行北山分理处　30268-32	

货物或应税劳务名称	单位	数量	单价	金额 千	百	十	万	千	百	十	元	角	分	税率 %	税额 百	十	万	千	百	十	元	角	分
甲产品	件	2500	120			3	0	0	0	0	0	0	0	13			3	9	0	0	0	0	0
乙产品	千克	2800	135			3	7	8	0	0	0	0	0	13			4	9	1	4	0	0	0
合　计					¥	6	7	8	0	0	0	0	0			¥	8	8	1	4	0	0	0

价税合计（大写）　柒拾陆万陆仟壹佰肆拾元整　（小写）¥766 140.00

销货单位			备注
	名　称	安顺市黄果树新创公司	安顺市黄果树新创公司 发票专用章
	纳税人识别号	603001112295	
	地址、电话	黄果树城南路 188 号　0853 － 3765606	
	开户行及账号	安顺工商银行黄果树支行　583-803366	

收款人：陈婷　　复核：曲长　　开票人：张轩　　销货单位：（章）

第二联：记账联　销售方核算增值税销项税额的记账凭证

中国工商银行

转账支票存根

XIV 00000000

附加信息

出票日期 2019 年 6 月 20 日

收款人：	安顺运输公司
金　额：	800.00
用　途：	代垫运费

产品出库单　1

存根联

出库日期 2019 年 6 月 20 日

产品名称	甲产品				型号		
单位	件	数量	2500	单价	120	单位成本	
提货单位	关岭宏发贸易公司（销售部门代办托运）				经办人	张宇	

主管　　　　　　　　　　记账　　　　　　　　　　保管员 王芳

产品出库单　1

存根联

出库日期 2019 年 6 月 20 日

产品名称	乙产品				型号		
单位	千克	数量	2800	单价	135	单位成本	
提货单位	关岭宏发贸易公司（销售部门代办托运）				经办人	张宇	

主管　　　　　　　　　　记账　　　　　　　　　　保管员 王芳

委托银行收款结算凭证（回单）　1

委托日期： 2019 年 6 月 20 日

业务类型	委托收款（□邮划、□电划）　托收承付（□邮划、□电划）						
付款单位	全称	关岭宏发贸易公司		收款单位	全称	安顺市黄果树新创公司	
	账号或地址	关岭县天河路 15 号			账号	583-803366	
	开户行	关岭县支行工行北山分理处	行号 30268-32		开户行	安顺工商银行黄果树办事处	行号 3703
金额	人民币（大写）柒拾陆万陆仟玖佰肆拾元整						
款项内容	货款	托收凭据名称	……………	附寄单证张数	2		
商品发运情况	货票号 06775			合同名称号码 1	10--4589		
备注： 复核　记账	付款人开户银行签章： 年　月　日			付款人注意： 13、根据支付结算办法，上列委托收款，如在付款期内未拒付时，即视同全部同意付款，以此联代付款通知。 14、如果提前付款或多付款时，应另写书面通知送银行办理。 15、如系全部或部分拒付，应在付款期限内另填拒绝付款理由书送银行办理。			

亿	千	百	十	万	千	百	十	元	角	分
		¥	7	6	6	9	4	0	0	0

此联作收款人开户银行给收款人按期收款的通知

记账凭证

年 月 日　　　　凭证编号：______

摘要	借方科目	金额									贷方科目	金额								
		百	十	万	千	百	十	元	角	分		百	十	万	千	百	十	元	角	分
	合计																			

附单据　张

会计主管：　　记账：　　制单：　　出纳：　　缴款人：

（4）6 月 28 日，收到银行转来托收款项收款通知，10 天内付款享受现金折扣为 6 780 元。

委托银行收款结算凭证（收款通知）　4

委托日期：2019 年 6 月 20 日

业务类型		委托收款（☐邮划、☐电划）　托收承付（☐邮划、☐电划）						
付款单位	全称	关岭宏发贸易公司		收款单位	全称	安顺市黄果树新创公司		
	账号或地址	关岭县天河路 15 号			账号	583-803366		
	开户行	关岭县支行工行北山分理处	行号 30268-32		开户行	安顺工商银行黄果树办事处	行号	3703
金额	人民币（大写）				亿 千 百 十 万 千 百 十 元 角 分			
款项内容	货款	托收凭据名称	…………	附寄单证张数	2			
商品发运情况	货票号 06775			合同名称号码 1	10--4589			

备注：　复核　记账

付款人开户银行签章：关岭县支行工行北山分理处 2019 年 6 月 28 日 转账 转讫

付款人注意：

16、根据支付结算办法，上列委托收款，如在付款期内未拒付时，即视同全部同意付款，以此联代付款通知。

17、如果提前付款或多付款时，应另写书面通知送银行办理。

18、如系全部或部分拒付，应在付款期限内另填拒绝付款理由书送银行办理。

此联作收款人托收回音

记账凭证

年 月 日 凭证编号：________

摘要	借方科目	金额									贷方科目	金额								
		百	十	万	千	百	十	元	角	分		百	十	万	千	百	十	元	角	分
	合计																			

附单据 张

会计主管： 记账： 制单： 出纳： 缴款人：

任务三 预收款方式销售

（1）6月12日，预收安顺市龙宕商贸公司购买乙产品订金2 000元存入银行。购买单位：安顺市龙宕商贸公司；地址：安顺市凤西路15号；电话：0853－33222164；纳税识别号：520423200341178；开户银行：农行安顺市塔山分理处；账号：90268-33。

工作流程：审核进账单确认预收账款，填制记账凭证。

中国工商银行 进账单 （回单） 1

2019年6月12日

收款人	全 称	安顺市黄果树新创公司	付款人 全 称	安顺市龙宕商贸公司
收款人	账 号	583-803366	付款人 账 号	90268-33
收款人	开户银行	工行安顺黄果树支行	付款人 开户银行	农行安顺市塔山分理处

金额	亿	千	百	十	万	千	百	十	元	角	分
人民币（大写） 贰仟元整					¥	2	0	0	0	0	0

票据种类	转支	票据张数	1
票据号码			
复核 记账			

中国工商银行安顺黄果树支行
2014年12月1日
转 账
转
讫

此联是开户银行交给持(出)票人的回单

记账凭证

年　月　日　　　　　　　　凭证编号：

摘要	借方科目	金额									贷方科目	金额								
		百	十	万	千	百	十	元	角	分		百	十	万	千	百	十	元	角	分
	合计																			

附单据　张

会计主管：　　记账：　　制单：　　出纳：　　缴款人：

（2）6月14日，向安顺市龙宕商贸公司销售乙产品150千克，每千克售价130元，收到三月期无息商业承兑汇票一张。

工作流程：完成开具增值税专用发票、商品出库单等凭证；编制销售记账凭证。

贵州省增值税专用发票　No08905865

发票联

校验码：　　　　　　开票日期：2019年6月　日

购货单位		密码区
名称	安顺市龙宕商贸公司	略
纳税人识别号	210422200341178	
地址、电话	安顺市凤西路15号，3222164	
开户行及账号	安顺市农行塔山分理处　90268-33	

货物或应税劳务名称	单位	数量	单价	金额										税率	税额								
				千	百	十	万	千	百	十	元	角	分	%	百	十	万	千	百	十	元	角	分
乙产品	千克	150	130				1	9	5	0	0	0	0	13				2	5	3	5	0	0
合　计							1	9	5	0	0	0	0					2	5	3	5	0	0
价税合计（大写）	贰万贰仟零叁拾伍元整																						

销货单位		备注
名称	安顺市黄果树新创公司	安顺市黄果树新创公司 发票专用章
纳税人识别号	603001112295	
地址、电话	黄果树城南路188号 0853 - 3765606	
开户行及账号	安顺工商银行黄果树支行 583-803366	

收款人：陈婷　　　复核：曲长　　　开票人：张轩

第二联：记账联　销售方核算增值税销项税额的记账凭证

产品出库单

存根联

出库日期 2019 年 6 月 14 日

产品名称	乙产品				型号	
单位	千克	数量	150	单价		单位成本
提货单位					经办人	

主管　　记账　　保管员 王芳

商业承兑汇票　　2

出票日期（大写）　　年　　月　　日

汇票号码：875835939

付款人	全　称	安顺市龙宕商贸公司	收款人	全　称	安顺市黄果树新创公司
	账　号	90268-33		账　号	583-803366
	开户银行	安顺市农行塔山分理处		开户银行	安顺工商银行黄果树支行
出票金额	人民币（大写）贰万零捌佰壹拾伍元整				
汇票到期日（大写）	贰零壹玖年叁月壹拾肆日		收款户行	行号	
交易合同号码	4235353522			地址	
本汇票已经承兑，到期无条件支付票款。 承兑人签章 承兑日期 2019 年 12 月 14 日			本汇票请予以承兑于到期日付款。 出票人签章		

记账凭证

年　月　日　　　凭证编号：________

摘要	借方科目	金额									贷方科目	金额								
		百	十	万	千	百	十	元	角	分		百	十	万	千	百	十	元	角	分
	合计																			

附单据　张

会计主管：　　记账：　　制单：　　出纳：　　缴款人：

任务四　其他销售

（1）6 月 15 日，委托安顺新华贸易有限公司代销甲产品，采用支付手续费方式代销，代销费用 10 元/件手续费，销售后从销售款中扣除手续费，余额转账收款。

产品出库单　1

存根联

出库日期 2019 年 6 月 15 日

产品名称	甲产品				型号		
单位	件	数量	100	单价	120	单位成本	
提货单位	安顺新华贸易有限公司				经办人	张宇	

主管　　　　　　　　记账　　　　　　　　保管员 王芳

记账凭证

年　月　日

凭证编号：

摘要	借方科目	金额									贷方科目	金额								
		百	十	万	千	百	十	元	角	分		百	十	万	千	百	十	元	角	分
	合计																			

附单据　张

会计主管：　　　　记账：　　　　制单：　　　　出纳：　　　　缴款人：

（2）6 月 20 日，安顺新华贸易有限公司转来代销甲产品清单，共销售 500 件，销售单价 120 元。

销售明细清单

2019 年 6 月 20 日

产品名称	单位	单价	数量	不含税金额	税率	增值税
甲产品	件	120	500	60 000	13%	7 800
合计	人民币（大写）：陆万柒仟捌佰元整			￥67800.00		
备注	代销手续费用：500×10= 5000 元					

贵州省增值税专用发票　　No08905867

发票联

校验码：　　　　　　　　　　　　　　开票日期：2019 年 6 月 20 日

购货单位			密码区
	名　称	安顺新华贸易有限公司	
	纳税人识别号	210422100311563 1	略
	地址、电话	安顺市开发区 16 号	
	开户行及账号	工商银行开发区分理处　456224-245	

货物或应税劳务名称	单位	数量	单价	金额 千	百	十	万	千	百	十	元	角	分	税率 %	税额 百	十	万	千	百	十	元	角	分
甲产品	件	500	120				6	0	0	0	0	0	0	13				7	8	0	0	0	0
合　计							6	0	0	0	0	0	0					7	8	0	0	0	0
价税合计（大写）	陆万柒仟捌佰元整																						

销货单位			备注
	名　称	安顺市黄果树新创公司	安顺市黄果树新创公司 发票专用章
	纳税人识别号	603001112295	
	地址、电话	黄果树城南路 188 号　0853 － 3765606	
	开户行及账号	安顺工商银行黄果树支行　583-803366	

收款人：陈　婷　　　复核：曲长　　　开票人：张轩

第一联：发票联　购买方核算采购成本和增值税进项税额的记账凭证

（3）6 月 21 日，收到安顺新华贸易有限公司交来代销款转账支票一张。

中国工商银行　转账支票　　IV 66377506

出票日期（大写）贰零壹肆年壹拾贰月贰拾壹日　　　付款行名称：工行安顺市开发区分理处

收款人：安顺市黄果树新创公司　　　出票人账号：456224-245

本支票付款期限十天

人民币（大写）	亿	千	百	十	万	千	百	十	元	角	分
陆万伍仟贰佰元整				¥	6	5	2	0	0	0	0

用途 货款

上列款项请从

我账户内支付

出票人签章

复核　　　记账

中国工商银行进账单（收账通知）

年　月　日　　　　　　　　　　　　　　第　号

付款人	全　称		收款人	全　称												此联是收款人开户行交给收款人的收账通知
	账　号			账　号												
	开户银行			开户银行												
人民币（大写）					千	百	十	万	千	百	十	元	角	分		
票据种类																
票据张数																
单位主管　会计　复核　记账			收款人开户行盖章													

记账凭证

年　月　日　　　　　　　　凭证编号：

摘要	借方科目	金额											贷方科目	金额											
		亿	千	百	十	万	千	百	十	元	角	分		亿	千	百	十	万	千	百	十	元	角	分	附单据　张
	合计																								

会计主管：　　记账：　　制单：　　出纳：　　缴款人：

任务五　销售成本结转

（1）6月31日，登记产品明细账，计算甲、乙两种产品平均单价（附：本月产品明细账）。

甲产品明细账

时间：2019年6月　　　　　　　　单位：件

时间	摘　要	借方			贷方			余额		
		单位	数量	金额	单位	数量	金额	单位	数量	金额
	期初							75	5000	
1日	完工入库	70	5000	140000						

乙产品明细账

时间：2019 年 6 月　　　　单位：千克

时间	摘　要	借方			贷方			余额		
		单位	数量	金额	单位	数量	金额	单位	数量	金额
	期初							84	4000	
1 日	完工入库	80	4000	160000						

（2）结转本月产品销售成本，采用月末加权平均法计算本月甲、乙两种产品销售成本。

产品销售成本计算表

2019 年 6 月 31 日

产品名称	销售数量	单位成本	总成本
甲产品			
乙产品			
合计			

记账凭证

年　月　日　　　　凭证编号：

摘要	借方科目	金　额									贷方科目	金　额								
		百	十	万	千	百	十	元	角	分		百	十	万	千	百	十	元	角	分
	合计																			

附单据　张

会计主管：　　记账：　　制单：　　出纳：　　缴款人：

任务六　登记销售收入明细账和往来账

根据前面实训资料记账凭证登记销售收入明细账，按产品名称设置明细科目，根据前面实训资料登记往来明细账，往来账按单位名称设置明细科目。

主营业务收入明细账

产品名称：甲产品

年		凭证号数	摘　要	借方金额	贷方金额	借或贷	余额
月	日						

主营业务收入明细账

产品名称：乙产品

年		凭证号数	摘　要	借方金额	贷方金额	借或贷	余额
月	日						

应收账款明细账

单位名称：

年		凭证号数	摘　　要	借方金额	贷方金额	借或贷	余额
月	日						

应收账款明细账

单位名称：

年		凭证号数	摘　　要	借方金额	贷方金额	借或贷	余额
月	日						

应收账款明细账

单位名称：

年		凭证号数	摘　　要	借方金额	贷方金额	借或贷	余额
月	日						

预收账款明细账

单位名称：

年		凭证号数	摘　　要	借方金额	贷方金额	借或贷	余额
月	日						

应收票据明细账

单位名称：

年		凭证号数	摘　要	借方金额	贷方金额	借或贷	余额
月	日						

第四章 应付职工薪酬核算岗位

一、应付职工薪酬核算岗位认知

应付职工薪酬核算岗位是企业重要的会计工作岗位之一，主要工作包括：按照国家有关规定正确核算应付职工薪酬，并按一定的标准对受益对象或单位分配应付职工薪酬以及按照规定标准计算代扣的“五险一金”、个人所得税等项目；计提企业负担的“五险一金”，办理代扣款项（包括计算个人所得税、住房公积金、劳保基金、失业保险金等）；按照人事部门提供的工资分配表，填制记账凭证；协助出纳发放工资；工资发放完毕后，要及时将工资和奖金计算明细表附在记账凭证后或单独装订成册，并注明记账凭证编号，妥善保管；计提应付福利费和工会经费，并进行账务处理。

二、应付职工薪酬核算岗位工作标准

（一）工资政策及有关制度

1. 工资组成

工资总额是指各单位在一定时期内直接支付给本单位全部职工的劳动报酬总额。

工资总额由六部分组成：计时工资；计件工资；奖金；津贴和补贴；加班加点工资；非工作时间工资。

（1）计时工资。是指按计时工资标准（包括地区生活费补贴）和工作时间支付给个人的劳动报酬。包括：

①对已做工作按计时工资标准支付的工资；

②实行结构工资制的单位支付给职工的基础工资和职务（岗位）工资；

③新参加工作职工的见习工资（学徒的生活费）；

④运动员体育津贴。

（2）计件工资。是指对已做工作按计件单价支付的劳动报酬。包括：

①实行超额累进计件、直接无限计件、限额计件、超定额计件等工资制，按劳动部门或主管部门批准的定额和计件单价支付给个人的工资；

②按工作任务包干方法支付给个人的工资；

③按营业额提成或利润提成办法支付给个人的工资。

（3）奖金。是指支付给职工的超额劳动报酬和增收节支的劳动报酬。包括：

①生产奖；

②节约奖；

③劳动竞赛奖；

④机关、事业单位的奖励工资；

⑤其他奖金。

（4）津贴和补贴。是指为了补偿职工特殊或额外的劳动消耗和因其他特殊原因支付给职工的津贴，以及为了保证职工工资水平不受物价影响而支付给职工的物价补贴。

①津贴。为补偿职工特殊或额外劳动消耗而支付的各种补贴，包括保健性津贴、技术性津贴、年功性津贴及其他津贴。

②物价补贴。为保证职工工资水平不受物价上涨或变动影响而支付的各种补贴。

（5）加班加点工资。是指按规定支付的加班工资和加点工资。

（6）非工作时间工资。是指在特殊情况下支付的工资。包括：

①根据国家法律、法规和政策规定，因病、工伤、产假、计划生育假、婚丧假、事假、探亲假、定期休假、停工学习、执行国家或社会义务等原因按计时工资标准或计时工资标准的一定比例而支付的工资；

②附加工资、保留工资。

2. 计时工资计算方法

计时工资＝月基本工资－缺勤工资

　　　　＝月基本工资－病假工资－事假工资

病假工资＝病假天数×日工资×应扣比例

事假工资＝事假天数×日工资

日工资计算方法：日工资计算方法是职工每月基本工资除以 21.17 天，不分大小月。

（二）“五险一金”有关政策

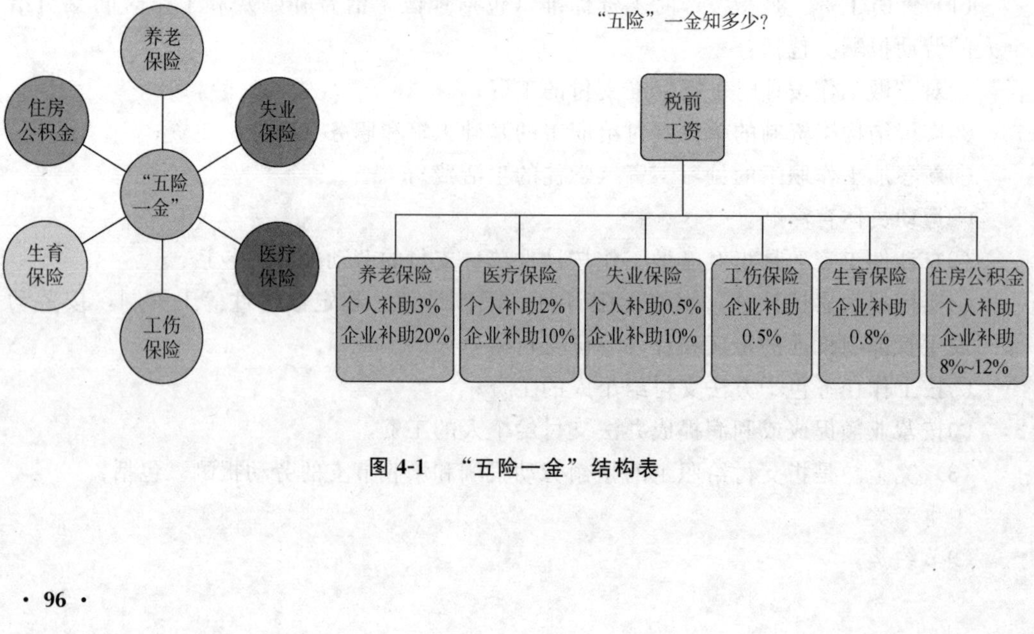

图 4-1 “五险一金”结构表

（三）工会经费及职工教育经费

工会经费2%；职工教育经费1.5%。

（四）个人收入所得税计算

1. 工资、薪金所得适用

个人所得税税率表一（综合所得适用）

级数	全年应纳税所得额	税率（%）	速算扣除数
1	不超过36 000元的	3	0
2	超过36 000元至144 000元的部分	10	2520
3	超过144 000元至300 000元的部分	20	16920
4	超过300 000元至420 000元的部分	25	31920
5	超过420 000元至660 000元的部分	30	52920
6	超过660 000元至960 000元的部分	35	85920
7	超过960 000元的部分	45	181 920

2. 劳务报酬所得适用

劳务报酬只对80%的部分征税；（劳务报酬所得适用）

级数	每次应纳税所得额（含税级距）	不含税级距	税率	速算扣除数
1	不超过20 000元的	不超过16 000元的	20%	0
2	超过20 000元至50 000元的部分	超过16 000元至37 000元的部分	30%	2 000
3	超过50 000元部分	超过37 000元的部分	40%	7 000

计算方法

应纳税所得额＝月度收入－5000元（起征点）－专项扣除（三险一金等）－专项附加扣除－依法确定的其他扣除

注：新个税法于2019年1月1日起施行，2018年10月1日起施行最新起征点和税率。新个税法规定，自2018年10月1日至2018年6月31日，纳税人的工资、薪金所得，先行以每月收入额减除费用五千元以及专项扣除和依法确定的其他扣除后的余额为应纳税所得额，依照个人所得税税率表（综合所得适用）按月换算后计算缴纳税款，并不再扣除附加减除费用。

三、应付职工薪酬核算岗位工作任务

工作任务项目	任务名称	任务描述
任务一	企业薪酬制度认知	熟悉企业工资结构、计算办法、薪酬制度规定、奖励办法等。
任务二	企业工资分配表的编制（应付工资）	根据车间（部门）提供的考勤、产量等资料按部门编制工资结算表，根据工资卡、代扣（代垫）等资料计算应付工资、代扣款项、实发金额。
任务三	“五险一金”计算表的编制	确定“五险一金”的计提基础和标准，在职工为企业提供服务的会计期间，根据受益对象，将确认的职工薪酬计入资产或当期损益，同时确认为应付职工薪酬。
任务四	个人所得税计算	按照个人所得税条例计算个人应交所得税金额，并予以代扣。
任务五	工资核算	根据车间（部门）的工资结算表按照职工的服务岗位或部门将职工薪酬分别计入有关成本、费用账户。

四、应付职工薪酬核算岗位流程图

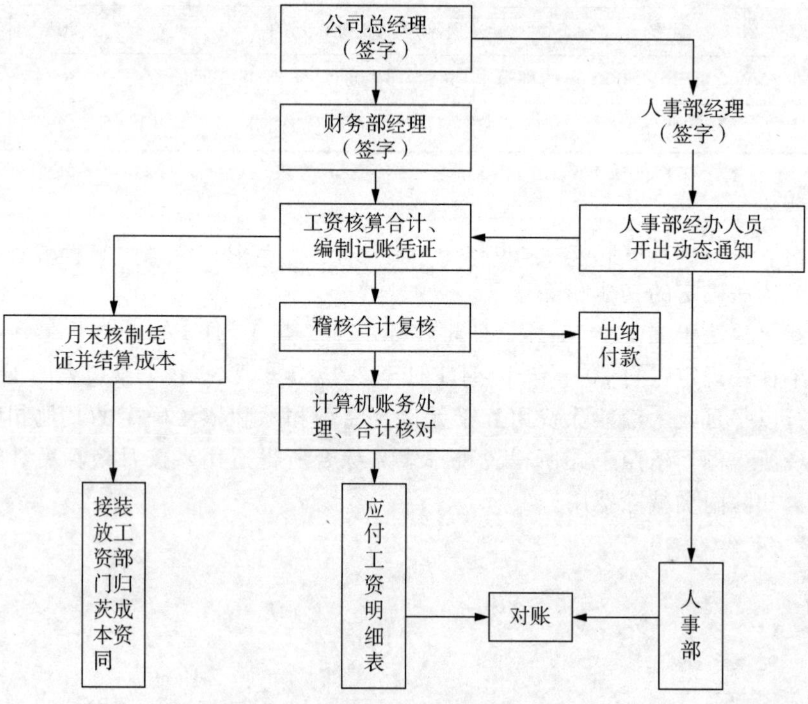

图 4-2　应付职工薪酬核算岗位流程图

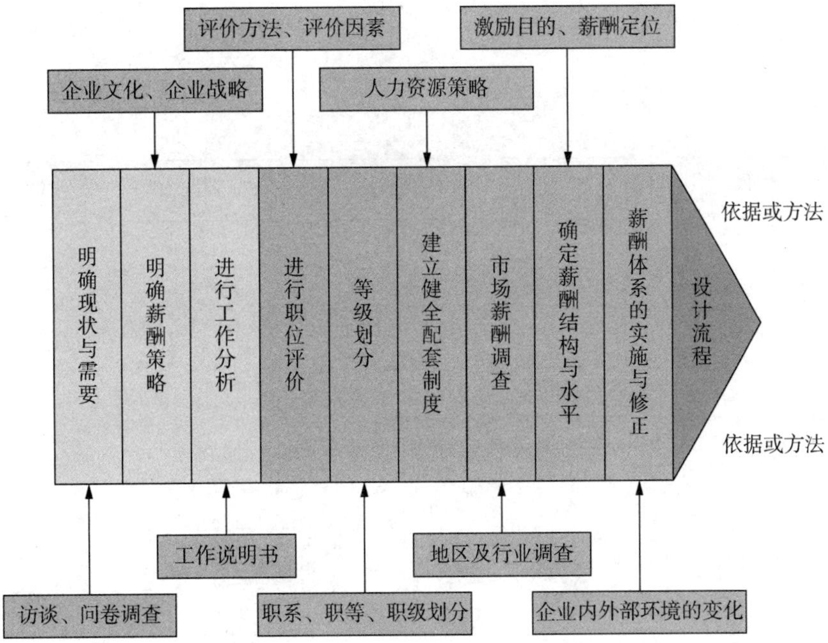

图 4-3　工资制度设计流程图

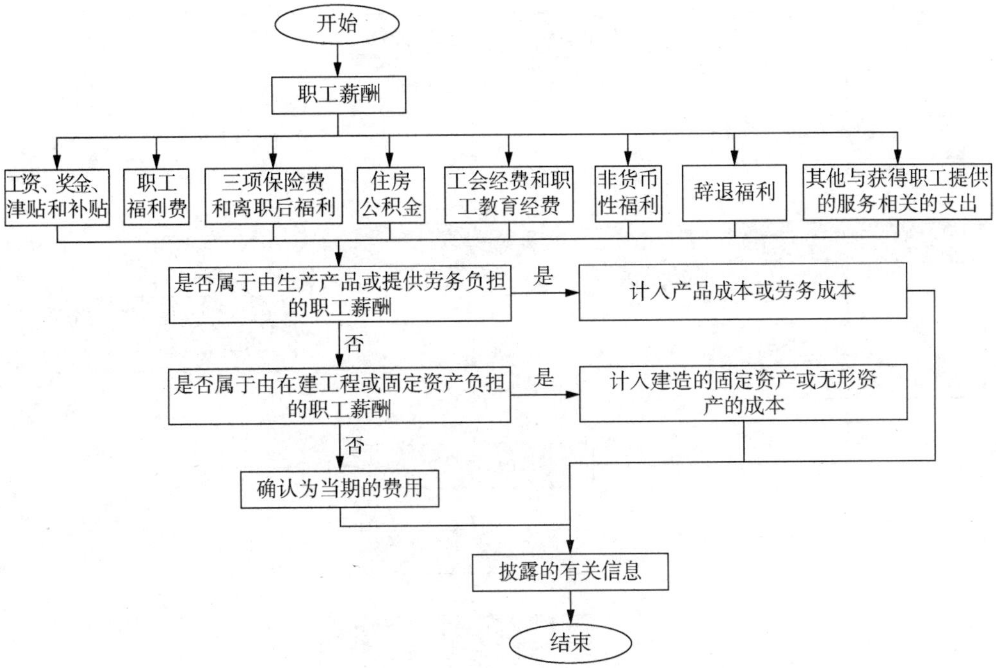

图 4-4　工资确认计量工作流程图

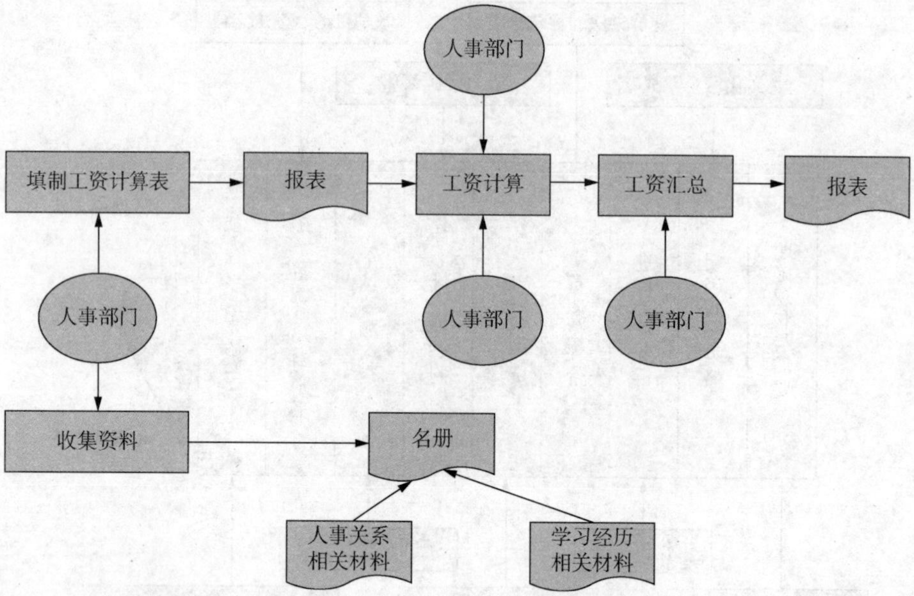

图 4-5　工资计算流程图

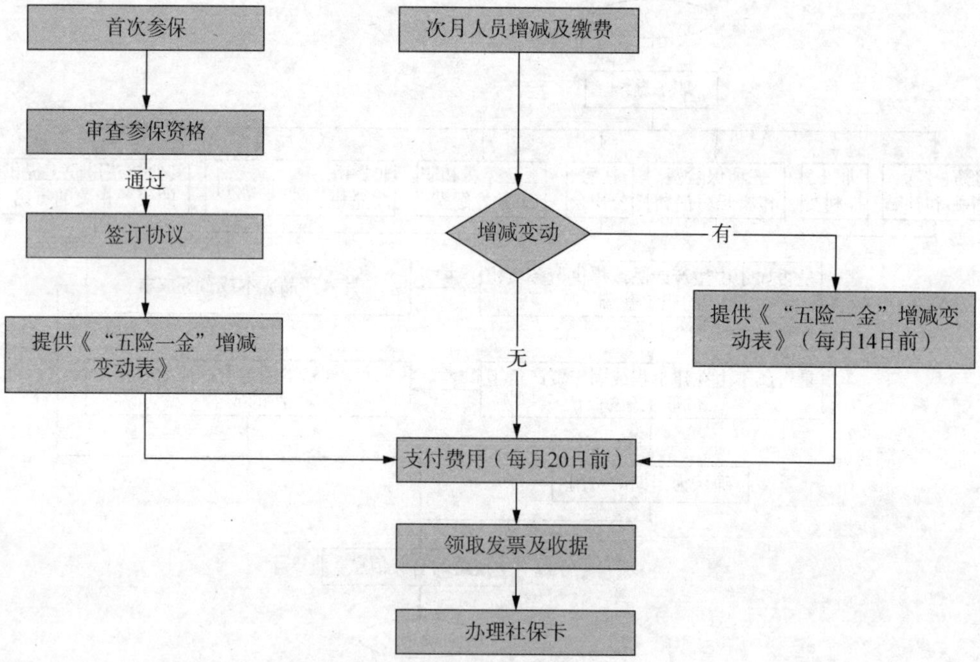

图 4-6　"五险一金"计算及办理流程图

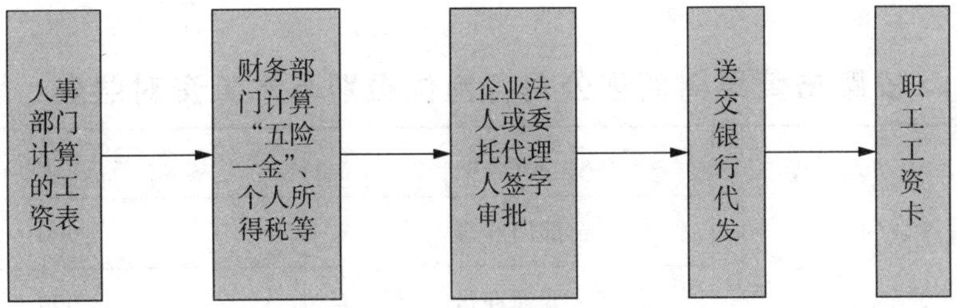

图 4-7　工资发放流程图

五、应付职工薪酬核算岗位技能训练

1. 技能训练目的

（1）明确职工薪酬的核算范围。

（2）明确职工薪酬的确认和计量。

2. 技能训练要求

（1）根据所提供的资料和要求，经过正确计算，完成有关原始凭证的填制。

（2）根据审核无误的原始凭证填制记账凭证。

（3）根据审核无误的记账凭证登记应付职工薪酬明细账。

3. 技能训练设计

（1）形式：单人独立完成。

（2）时间：8 学时。

（3）用品：通用记账凭证和应付职工薪酬明细账。

任务一　企业薪酬制度认知

薪酬制度是指组织的工资制度，是关于组织标准报酬的制度，它是以员工劳动的熟练程度、复杂程度、责任及劳动强度为基准，按照员工实际完成的劳动定额、工作时间或劳动消耗而计付的劳动薪酬。

薪酬制度当中最核心的部分就是薪酬构成，公司员工的薪酬主要包括工资、奖金、福利等，薪酬制度中明确规定了各岗位的薪酬构成。

下面是安顺市黄果树新创公司薪酬制度中的相关规定：

（1）工资组成包括：基本工资、工龄工资、住房补贴、误餐补贴、交通补贴、加班工资、计件工资。员工工资扣除项目包括：个人所得税、缺勤、扣款（含贷款、借款、罚款等）、代扣社会保险费、代扣住房公积金等。

（2）基本工资：根据各岗位级别对应发放，公司职员分管理系列（总经理、部门经理、普通职员)、专业系列(技术总监、高级工、中级工、初级工)、勤务系列(组长、组员)三大类。

安顺市黄果树新创公司各岗位级别基本工资对照表 单位:元

管理系列	总经理	8 000
	部门经理	5 000
	普通职员	3 000
专业系列	技术总监	6 000
	高级工	4 000
	中级工	3 200
	初级工	2 400
勤务系列	组长	3 500
	组员	2 500

(3)工龄工资:工龄工资以到公司服务的时间计算,每满一年每月发工龄工资 80 元,每年年初增发,10 年封顶。

(4)住房补贴:每月补贴 200 元。

(5)误餐补贴:每月补贴 100 元。

(6)交通补贴:每月补贴 90 元。

(7)加班工资:在法定节假日加班的员工,遵照国家相关法律法规支付其加班费。员工加班工资的折算以每月 20.92 天计算。

(8)计件工资:

黄果树创新公司计件工资标准表

	甲产品	乙产品	丙产品
计件单价	10 元/件	12 元/千克	15 元/件

(9)工资计算以月为计算期。月平均工作日为 20.92 天,若需计算日工资,应按以下公式计算:日工资额=(基本工资+工龄工资)/20.92。

(10)员工试用期工资标准为相关等级正式员工标准工资的 70%,试用期结束,履行考核手续并转为正式员工后,按正式员工待遇执行。

(11)公司考勤实行指纹打卡管理,由人力资源部每月对员工的考勤情况进行汇总统计,在考勤扣款中体现。

(12)下列各款项直接从工资中扣除:

①员工个人所得税;

② 应由员工个人承担的住房公积金;

③ 应由员工个人缴纳的社会统筹保险费用；

④ 缺勤：员工请病假扣发当天基本工资的 20%，事假扣发当天基本工资的 100%，旷工扣发当天基本工资的 300%，其他法定休假不扣发工资；

⑤ 法律、法规以及公司规章制度规定应从工资中扣除的款项（如罚款）等。

任务二　企业工资分配表的编制（应付工资）

工资分配表的编制主要是以企业的薪酬制度和当月的考勤表、产量表等为依据，根据这些数据计算出当月的应付工资。以下是安顺市黄果树新创公司 2019 年 6 月份的考勤、产量汇总表。

安顺市黄果树新创公司 6 月份考勤、产量汇总表

部门	职位	姓名	工龄	病假天数	事假天数	加班天数		产量		
						普通	法定	甲产品	乙产品	丙产品
	总经理	王磊	8	0	0	1	1			
财务部	部门经理	李佳	8	0	0	1	1			
财务部	普通职员	张丽	5	0	1	0	0			
财务部	普通职员	陈建	3	2	0	0	0			
生产部	技术总监	王志	8	0	0	0	1			
生产部	高级工	郭伟	5	0	0	0	1		50	100
生产部	中级工	叶龙	3	0	1	0	1		50	50
生产部	初级工	张亮	1	0	0	0	0	150		
销售部	部门经理	李婷	5	0	0	0	0			
销售部	普通职员	黄燕	2	3	0	1	0			
人力资源部	部门经理	许晴	5	0	0	1	1			
人力资源部	普通职员	刘伟	3	0	2	0	0			
采购部	部门经理	张小建	5	0	0	0	0			
采购部	普通职员	王平	2	0	0	0	0			
后勤组	组长	杨洋	10	0	0	0	0			
后勤组	组员	董丽	3	0	0	0	0			

根据安顺市黄果树新创公司 6 月份的考勤、产量汇总表和薪酬制度相关规定，编制 2019 年 6 月份的工资表。

安顺市黄果树新创公司2019年6月份工资表

单位：元

序号	部门	职位	姓名	基本工资	工龄工资	住房补贴	误餐补贴	交通补贴	计件工资	加班工资	缺勤扣发	应发工资
1	总经理	总经理	王磊	8000	640	200	100	90		1652		10682
2	财务部	部门经理	李佳	5000	640	200	100	90		1080		7110
3	财务部	普通职员	张丽	3000	400	200	100	90			163	3627
4	财务部	普通职员	陈建	3000	240	200	100	90			62	3568
5	生产部	技术总监	王志	6000	640	200	100	90		951		7981
6	生产部	高级工	郭伟	4000	400	200	100	90	2100	420		7310
7	生产部	中级工	叶龙	3200	240	200	100	90	1350	328	164	5344
8	生产部	初级工	张亮	2400	80	200	100	90	1500			4370
9	销售部	部门经理	李婷	5000	400	200	100	90				5790
10	销售部	普通职员	黄燕	3000	160	200	100	90		302	91	3761
11	人力资源部	部门经理	许晴	5000	400	200	100	90		1032		6822
12	人力资源部	普通职员	刘伟	3000	240	200	100	90			310	3320
13	采购部	部门经理	张小建	5000	400	200	100	90				5790
14	采购部	普通职员	王平	3000	160	200	100	90				3550
15	后勤组	组长	杨洋	3500	400	200	100	90				4690
16	后勤组	组员	董丽	2500	240	200	100	90				3130
	合计			64600.00	5680.00	3200.00	1600.00	1440.00	4950.00	5765.00	790.00	86445.00

注：工龄工资＝工龄×80元／年

计件工资＝产量×计件单价

加班工资＝普通加班天数×日工资额＋法定节假日加班天数×日工资额×3

缺勤扣发工资＝病假天数×日工资额×20％＋事假天数×日工资额

记账凭证

年　月　日　　　　凭证编号：

摘要	借方科目	金额									贷方科目	金额								
		百	十	万	千	百	十	元	角	分		百	十	万	千	百	十	元	角	分
	合计																			

附单据　张

会计主管：　　记账：　　制单：　　出纳：　　缴款人：

任务三 “五险一金”计算表的编制

“五险一金”指的是五种社会保险以及一个公积金，“五险”包括养老保险、医疗保险、失业保险、工伤保险和生育保险，“一金”指的是住房公积金。其中，养老保险、医疗保险和失业保险是由企业和个人共同缴纳的保费；工伤保险和生育保险完全是由企业承担的，个人不需要缴纳。“五险一金”的缴纳额度，每个地区的规定都不同，基数是以工资总额为基数。这个缴费基数每年申报一次，当年每月都按这个基数的相应比例缴纳社保，而这个基数一般是上年月平均工资。具体缴费比例如下。

社保、住房公积金缴费基数及比例

项目	缴费基数	单位缴费比例（%）	个人缴费比例（%）
养老保险费	上年月平均工资	20	8
失业保险费	上年月平均工资	2	1
工伤保险费	上年月平均工资	0.4	
生育保险费	上年月平均工资	0.4	
医疗保险费	上年月平均工资	6.5	2
住房公积金	上年月平均工资	12	12

以下是安顺市黄果树新创公司申报2019年的缴费基数。

安顺市黄果树新创公司员工2019年社保、公积金缴费基数

序号	部门	姓名	月缴费基数
1		王磊	8 950
2	财务部	李佳	5 950
3	财务部	张丽	3 710
4	财务部	陈建	3 550
5	生产部	王志	6 950
6	生产部	郭伟	6 510
7	生产部	叶龙	5 250
8	生产部	张亮	3 990
9	销售部	李婷	5 710
10	销售部	黄燕	3 470
11	人力资源部	许晴	5 710
12	人力资源部	刘伟	3 550
13	采购部	张小建	5 710
14	采购部	王平	3 470
15	后勤组	杨洋	4 210
16	后勤组	董丽	3 050

下面来编制“五险一金”计算表。

2019 年 6 月份“五险一金”计算表

单位：元

部门	姓名	缴费基数	养老保险 单位 20%	养老保险 个人 8%	失业保险 单位 2%	失业保险 个人 1%	医疗保险 单位 6.5%	医疗保险 个人 2%	工伤 单位 0.4%	生育 单位 0.4%	单位合计	个人合计	住房公积金 单位 12%	住房公积金 个人 12%
总经办	王磊	8950.00	1790.00	716.00	179.00	89.50	581.75	179.00	35.80	35.80	2622.35	984.50	1074.00	1074.00
财务处	李佳	5950	1190.00	476.00	119.00	59.50	386.75	119.00	23.80	23.80	1743.35	654.50	714.00	714.00
财务处	张丽	3710	742.00	296.80	74.20	37.10	241.15	74.20	14.84	14.84	1087.03	408.10	445.20	445.20
财务处	陈建	3550	710.00	284.00	71.00	35.50	230.75	71.00	14.20	14.20	1040.15	390.50	426.00	426.00
生产部	王志	6950	1390.00	556.00	139.00	69.50	451.75	139.00	27.80	27.80	2036.35	764.50	834.00	834.00
生产部	郭伟	6510	1302.00	520.80	130.20	65.10	423.15	130.20	26.04	26.04	1907.43	716.10	781.20	781.20
生产部	叶龙	5250	1050.00	420.00	105.00	52.50	341.25	105.00	21.00	21.00	1538.25	577.50	630.00	630.00
生产部	张亮	3990	798.00	319.20	78.80	39.90	259.35	79.80	15.96	15.96	1169.07	438.90	478.80	478.80
销售部	李婷	5710	1142.00	456.80	114.20	57.10	371.10	114.20	22.84	22.84	1673.03	628.10	685.20	685.20
销售部	黄燕	3470	694.00	277.60	69.40	34.70	225.55	69.40	13.88	13.88	1016.71	381.70	416.40	416.40
行政部	许晴	5710	1142.00	456.80	114.20	57.10	371.15	114.20	22.84	22.84	1673.03	628.10	685.20	685.20
行政部	刘伟	3550	710.00	284.00	71.00	35.50	230.75	71.00	14.20	14.20	1040.15	390.50	426.00	426.00
采购部	张小建	5710	1142.00	456.80	114.20	57.10	371.15	114.20	22.84	22.84	1673.03	628.10	685.20	685.20
采购部	王平	3470	694.00	277.60	69.40	34.70	225.55	69.40	13.88	13.88	1016.71	381.70	416.40	416.40

续表

部门	姓名	缴费基数	养老保险		失业保险		医疗保险		工伤	生育	单位合计	个人合计	住房公积金	
			单位 20%	个人 8%	单位 2%	个人 1%	单位 6.5%	单位 2%	单位 0.4%	单位 0.4%			单位 12%	个人 12%
后勤组	杨洋	4210	842.00	336.80	84.20	42.10	273.65	84.20	16.84	16.84	1233.53	463.10	505.20	505.20
后勤组	董丽	3050	610.00	244.00	61.00	30.50	198.25	61.00	12.20	12.20	893.65	335.50	366.00	366.00
	合计	79740.00	15948.00	6379.20	1594.80	797.40	5183.10	1594.80	318.96	318.96	23363.82	8771.40	9568.80	9568.80

任务四 个人所得税计算

个人所得税是调整征税机关与自然人（居民、非居民人）之间在个人所得税的征纳与管理过程中所发生的社会关系的法律规范的总称。凡在中国境内有住所，或者无住所而在中国境内居住满一年的个人，从中国境内和境外取得所得的，以及在中国境内无住所而在境内居住不满一年的个人，从中国境内取得所得的，均为个人所得税的纳税人。

2018 年 8 月 29 日上午，全国人大常委会分组审议了该草案。新个税法于 2019 年 1 月 1 日起全面施行，工资、薪金所得基本减除费用标准提高至 5000 元/月，并适用新的综合所得税率。

黄果树创新公司 6 月份个人所得税计算表 单位：元

部门	姓名	应发工资	定额费用	养老保险	失业保险	医疗保险	住房公积金	应税工资	税率	速算扣除数	税费
	王磊	10682	3500	716	90	179	1074	5123			
财务处	李佳	7110	3500	476	60	119	714	2241			
财务处	张丽	3627	3500	297	37	74	445	0			
财务处	陈建	3568	3500	284	36	71	426	0			
技术生产部	王志	7981	3500	556	70	139	834	2882			
技术生产部	郭伟	7310	3500	521	65	130	781	2313			
技术生产部	叶龙	5344	3500	420	53	105	630	636			
技术生产部	张亮	4370	3500	319	40	80	479	0			
销售部	李婷	5790	3500	457	57	114	685	977			

续表

部门	姓名	应发工资	定额费用	养老保险	失业保险	医疗保险	住房公积金	应税工资	税率	速算扣除数	税费
销售部	黄燕	3761	3500	278	35	69	416	0			
行政部	许晴	6822	3500	457	57	114	685	2009			
行政部	刘伟	3320	3500	284	36	71	426	0			
采购部	张小建	5790	3500	457	57	114	685	977			
采购部	王平	3550	3500	278	35	69	416	0			
后勤组	杨洋	4690	3500	369	46	92	553	130			
后勤组	董丽	3130	3500	244	31	61	366	0			
	合计	86845	56000	6413	805	1601	9615	17288			

记账凭证

年 月 日　　　　凭证编号：

摘要	借方科目	金额											贷方科目	金额										
		亿	千	百	十	万	千	百	十	元	角	分		亿	千	百	十	万	千	百	十	元	角	分
	合计																							

附单据　张

会计主管：　　记账：　　制单：　　出纳：　　缴款人：

任务五　工资核算

安顺市黄果树新创公司 2019 年 6 月份工资表　　单位：元

部门	姓名	应发工资	免征额	养老保险	失业保险	医疗保险	住房公积金	应税工资	税率	速算扣除数	个人所得税	实发工资
总经办	王磊	10682		716.00	89.50	179.00	1074.00	5123.50				
财务部	李佳	7110		476.00	59.50	119.00	714.00	2241.50				
财务部	张丽	3627		296.80	37.10	74.20	445.20	0.00				
财务部	陈建	3568		284.00	35.50	71.00	426.00	0.00				
生产部	王志	7981		556.00	69.50	139.00	834.00	2882.50				

续表

部门	姓名	应发工资	免征额	养老保险	失业保险	医疗保险	住房公积金	应税工资	税率	速算扣除数	个人所得税	实发工资
生产部	郭伟	7310		520.80	65.10	130.20	781.20	2312.70				
生产部	叶龙	5344		420.00	52.50	105.00	630.00	636.50				
生产部	张亮	4370		319.20	39.90	79.80	478.80	0.00				
销售部	李婷	5790		456.80	57.10	114.20	685.20	976.70				
销售部	黄燕	3761		277.60	34.70	69.40	416.40	0.00				
人力资源部	许晴	6822		456.80	57.10	114.20	685.20	2008.70				
人力资源部	刘伟	3320		284.00	35.50	71.00	426.00	0.00				
采购部	张小建	5790		456.80	57.10	114.20	685.20	976.70				
采购部	王平	3550		277.60	34.70	69.40	416.40	0.00				
后勤组	杨洋	4290		336.80	42.10	84.20	505.20	0.00				
后勤组	董丽	3130		244.00	30.50	61.00	366.00	0.00				
	合计	86445.00		6379.20	797.40	1594.80	9568.80	17158.80				

注：工资发放均采用银行代发工资（银行卡号略）

记账凭证

年　月　日　　　　　　　　凭证编号：

摘要	借方科目	金额											贷方科目	金额										
		亿	千	百	十	万	千	百	十	元	角	分		亿	千	百	十	万	千	百	十	元	角	分
	合计																							

附单据　张

会计主管：　　记账：　　制单：　　出纳：　　缴款人：

第五章　生产成本核算岗位

一、生产成本核算岗位认知

生产成本核算是制造型企业重要的会计核算工作，正确核算每种产品生产成本是一切经营活动的开始，对降低成本开支，提高企业经济效益起着举足轻重的作用。主要工作表现为：正确区分成本费用和其他费用的界限，保证成本真实可靠，严格掌握成本开支范围；认真编制成本利润计划，加强成本费用分级分口管理的经济责任制，加强成本的预测、控制、核算、监督工作，保证利润计划的实现；按月、季、年度做好成本分析和考核，及时提供真实完整的经济活动信息；编制成本、费用和利润报表，进行成本费用和利润的分析考核；为企业的生产经营管理者、高层决策人员提供可靠的成本管理信息，为正确决策提供可靠的依据。

成本核算岗位是生产型企业为了加强企业内部成本费用控制和管理，达到控制成本目标、提高管理效率、提高企业经济效益的目的，归集和分配在生产环节中生产产品发生的直接材料费、直接人工费、共同材料费、共同人工费以及制造费用，以正确核算完工产品成本和在产品成本，为管理者提供管理依据的职能。

二、生产成本核算岗位工作标准

常用的生产成本计算方法有品种法、分批法、分步法，企业根据生产工艺、生产组织及成本管理要求的不同选择不同的产品成本计算方法。在这三种成本计算方法中，品种法是最常用的生产成本计算方法，在此我们重点学习产品成本计算方法中的品种法。

品种法，是以产品品种作为成本计算对象来归集生产费用，最大的特点是只需要按月定期计算产品生产成本，需要考虑把生产费用在产成品和半成品之间进行分配。

（一）分配材料费用

共同耗用费用应按照原材料定额耗用进行分配。

分配率＝共同材料费用/各种产品直接材料消耗费用之和

各种材料分配额＝该材料直接材料消耗量×分配率

要求：先编制材料费用明细表，再将共同耗用费用按适当的方法进行分配，然后编制材料费用分配表，得出各种产品的材料成本。

（二）分配工资及福利费用

工资及福利费用应按照产品实际工时比例分配。

共同工资分配率＝各种产品直接人工工资之和/各种产品耗用工时之和

各产品分配共同人工费用额＝该产品耗用工时×工资分配率

福利费用分配率＝各产品共同福利之和/各种产品耗用工时之和

各产品分配共同福利费金额＝该产品耗用工时×福利费用分配率

要求：先汇总编制工资及福利费用情况表，再按照实际耗用工时计算出分配率，并对工资及福利费用进行分配，然后编制工资及福利费用分配表，得出各产品的工资及福利费用成本。

（三）分配制造费用及其他费用

制造费用及其他费用应按照产品实际生产工时比例分配。

将制造费用及其他费用按照耗用工时在产品中进行分配，先计算出分配率如下：

折旧费分配率＝制造费用总额/各种产品耗用总工时

分配额＝各种产品耗用工时×分配率

要求：先汇总编制制造费用及其他费用情况表，再按照实际耗用工时计算出分配率，并对制造费用及其他费用进行分配，然后编制制造费用及其他费用分配表，得出各产品的制造费用及其他费用成本。

（四）不存在在产品的成本计算

根据上述费用编制成本计算表。

（五）存在在产品的成本计算

存在在产品的成本计算，按照约当产量法将成本费用在完工产品和在产品之间进行分配。

约当产量法是将在产品按照完工程度折算为完工产品，与完全完工产品一起合计计算出完工产品单位成本（分配率），再根据单位成本计算出在产品成本和完工产品成本的方法。

在产品约当产量＝在产品数量×完工程度

总约当产量＝完工产品产量＋在产品约当产量

计算单位产品成本＝总成本/总约当产量

计算完工产品成本＝单位产品成本×完工产品产量

计算在产品成本＝单位产品成本×在产品约当产量

三、生产成本核算岗位工作任务

工作任务项目	任务名称	任务描述
任务一	开设基本生产成本明细账	根据核算要求设置生产成本账目。
任务二	编制“材料费用分配表”及进行相应的账务处理	对产品构成的材料进行归集和核算。
任务三	编制“人工费用分配表”	对生产产品所耗人工进行归集和核算。
任务四	编制“固定资产折旧费用分配表”及进行相应的账务处理	折旧进行归集和核算。
任务五	编制“其他费用分配表”及进行相应的账务处理	对属于产品成本构成的其他项目进行归集和核算。

续表

工作任务项目	任务名称	任务描述
任务六	编制“辅助生产费用分配表”及进行相应的账务处理	对生产过程中发生的辅助费用进行归集、分配和核算。
任务七	编制“制造费用分配表”及进行相应的账务处理	对生产过程中发生的间接费用进行归集、分配和核算。
任务八	编制“产品成本计算单”及进行相应的账务处理	计算生产成本并进行完工产品与在产品分配。

四、生产成本核算岗位工作流程

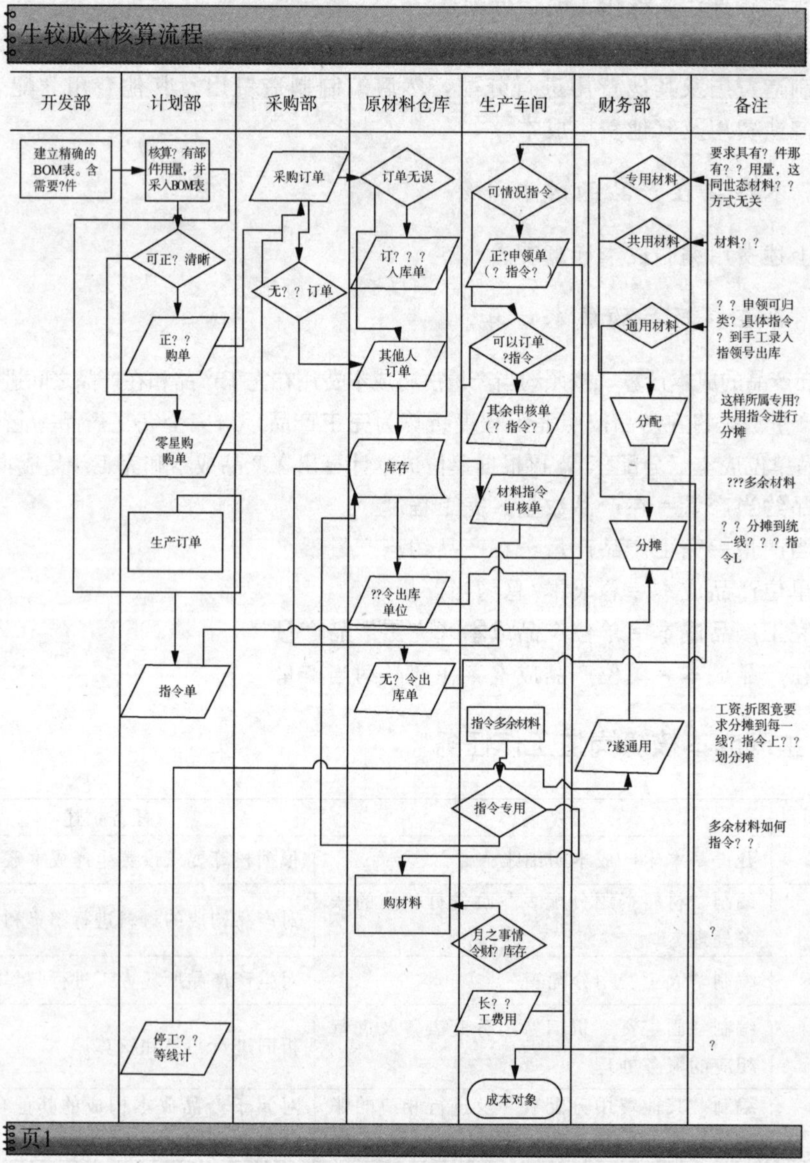

图 5-1　生产成本核算岗位流程图

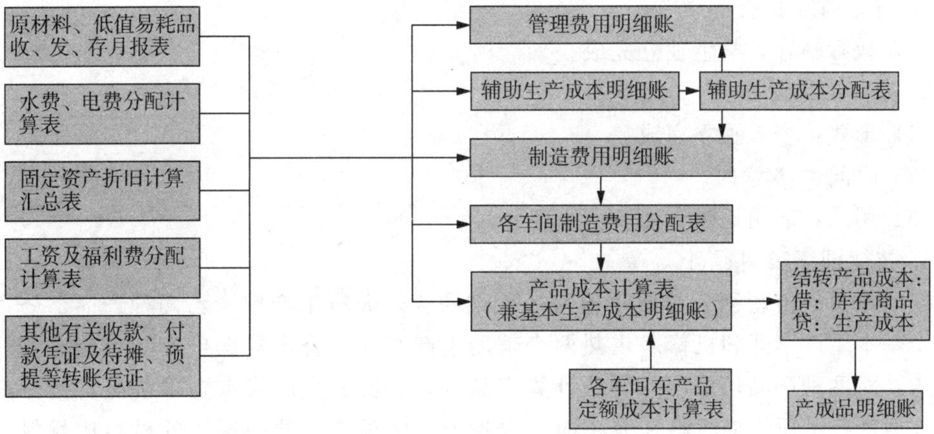

图 5-2 费用、成本核算流程图

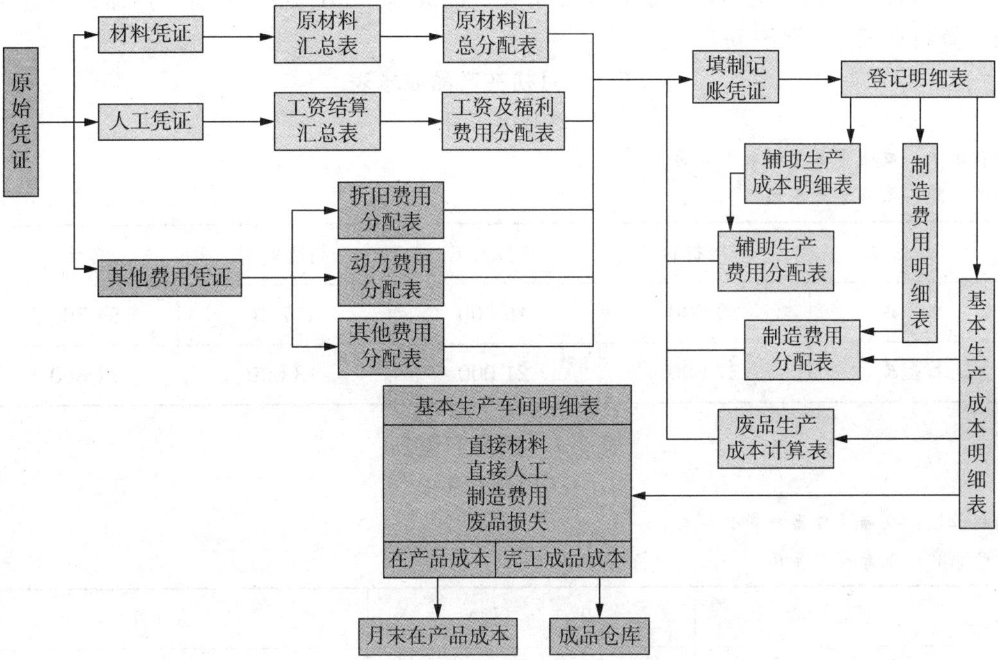

图 5-3 费用要素归集与核算流程图

五、生产成本核算岗位技能训练

1. 技能训练目的

熟练掌握产品成本的构成及要素费用的归集和分配的核算，能根据分配结果编制各项费用分配表，从而能计算出各种产品的成本，编制成本计算单，并进行核算；同时参与成本的控制和管理。

2. 技能训练要求

专业教师辅导，学生独立完成。

3. 技能训练设计

(1) 形式：个人独立完成。

(2) 时间：16 学时。

(3) 用品：通用记账凭证。

4. 技能训练实训资料

安顺市黄果树新创公司属增值税一般纳税人，大量生产甲、乙两种产品，公司设有一个基本生产车间和机修、供热两个辅助生产车间。公司根据生产特点和成本管理的要求，对两种产品均采用品种法计算产品成本；辅助生产成本要求按照直接分配法分配；生产产品所需原材料在开工时一次投入，两种产品共同耗用的材料按材料消耗比例分配。基本生产车间生产工人工资、制造费用均按照生产工时进行分配。对辅助生产车间不单独核算制造费用，归集的辅助生产费用采用直接分配法进行分配。月末，甲、乙两种产品采用约当产量法计算月末在产品成本。2019 年 6 月有关产品的产量及成本资料见表 5-1 至表 5-5。

表 5-1 月初在产品成本表

2019 年 6 月

编制单位：安顺市黄果树新创公司

生产车间：基本生产车间　　单位：元

产品品种	直接材料	直接人工	制造费用	合计
甲产品	30 000	16 000	8 700	54 700
乙产品	37 600	21 000	13 000	71 600

表 5-2 产品产量表

2019 年 6 月

编制单位：安顺市黄果树新创公司

生产车间：基本生产车间

项目	甲产品（件）	乙产品（件）
月初在产品	100	80
本月投入产量	1 000	1 800
本月完工产量	950	1 700
月末在产品	150	180
月末在产品完工程度	50%	50%

表 5-3 工时记录表

2019 年 6 月

编制单位：安顺市黄果树新创公司

生产车间：基本生产车间

产品名称	生产工时（小时）	备　注
甲产品	1 500	
乙产品	1 800	
合计	3 300	

表 5-4 辅助生产车间劳务提供情况表

2019 年 6 月

编制单位：安顺市黄果树新创公司

生产车间：基本生产车间

接受劳务部门	辅助生产车间		备注
	机修车间（修理工时）	供热车间（吨）	
基本生产车间	1 800	1 200	
公司管理部门	150		
机修车间		30	
供热车间	100		
合计	2 050	1 230	

表 5-5 本月生产费用资料统计表

2019 年 6 月

编制单位：安顺市黄果树新创公司　　单位：元

项目	基本生产车间				辅助生产车间				合计
	甲产品	乙产品	共同耗用	车间耗用	机修车间		供热车间		
					生产耗用	车间耗用	生产耗用	车间耗用	
原材料	2 980 000	3 790 000	1 762 000	37 000	12 000	1 000	43 000	1 000	8 626 000
工资			178 000	13 200	11 000	2 300	21 300	5 600	231 400
社保费等			62 000	2 890	3 100	420	5 320	760	74 490
折旧费				55 000		7 600		2 300	64 900
水电费				48 000		3 200		6 700	57 900

续表

项目	基本生产车间				辅助生产车间				合计
	甲产品	乙产品	共同耗用	车间耗用	机修车间		供热车间		
					生产耗用	车间耗用	生产耗用	车间耗用	
办公费				26 932		980		1 310	29 222
合计	2 980 000	3 790 000	2 002 000	183 022	26 100	15 500	69 620	17 670	9 083 912

注：水费、办公费其他费用均用银行存款支付

任务一　开设基本生产成本明细账

根据表 5-1“月初在产品成本表”开设基本生产成本明细账。

基本生产成本明细账（甲产品）

2019 年 6 月

编制单位：安顺市黄果树新创公司

生产车间：基本生产车间

产品：甲产品

单位：元

2019		凭证号		摘要	产量（件）	成本项目			合计
月	日	字	号			直接材料	直接人工	制造费用	
12	1								

基本生产成本明细账（乙产品）

2019 年 6 月

编制单位：安顺市黄果树新创公司

生产车间：基本生产车间

产品：乙产品

单位：元

2019		凭证号		摘要	产量（千克）	成本项目			合计
月	日	字	号			直接材料	直接人工	制造费用	
12	1								

任务二　编制“材料费用分配表”及进行相应的账务处理

根据表 5-5“本月生产费用资料统计表”编制“材料费用分配表”。

材料费用分配表

2019年6月

编制单位：***安顺市黄果树新创公司*** 单位：元

应借科目		成本项目	直接计入金额	分配计入		材料费用合计
				定额消耗量	分配金额	
基本生产成本	甲产品	原材料				
	乙产品	原材料				
	小计					
制造费用	基本生产车间	机物料消耗				
辅助生产成本	供热车间	机物料消耗				
	机修车间	机物料消耗				
合计						

根据“材料费用分配表”填制记账凭证。

<u>记账凭证</u>

年 月 日 凭证编号：

摘要	借方科目	金额											贷方科目	金额										
		亿	千	百	十	万	千	百	十	元	角	分		亿	千	百	十	万	千	百	十	元	角	分
	合计																							

附单据 张

会计主管： 记账： 制单： 出纳： 缴款人：

任务三 编制“人工费用分配表”及进行相应的账务处理

根据表5-5编制“人工费用分配表”。

人工费用分配表

2019年6月

编制单位：安顺市黄果树新创公司　　　　单位：元

应借科目		成本项目	分配计入金额		社保及福利费	人工费用合计
			生产工时	分配金额		
基本生产成本	甲产品	直接人工				
	乙产品	直接人工				
	小计					
制造费用	基本生产车间	职工薪酬				
辅助生产成本	供热车间	职工薪酬				
	机修车间	职工薪酬				
合计						

根据“人工费用分配表”填制记账凭证。

记账凭证

年　月　日　　　　凭证编号：

摘要	借方科目	金额											贷方科目	金额										
		亿	千	百	十	万	千	百	十	元	角	分		亿	千	百	十	万	千	百	十	元	角	分
	合计																							

附单据　张

会计主管：　　记账：　　制单：　　出纳：　　缴款人：

任务四　编制“固定资产折旧费用分配表”及进行相应的账务处理

根据表5-5编制“固定资产折旧费用分配表”。

固定资产折旧费用分配表

2019 年 6 月

编制单位：安顺市黄果树新创公司　　　　单位：元

应借账户		成本或费用项目	累计折旧		
			固定资产类别	折旧率	折旧额
基本生产车间		折旧费			
辅助生产车间	机修车间	制造费用			
	供热车间	制造费用			
	小计				
合计					

根据“固定资产折旧费用分配表”填制记账凭证。

记账凭证

年　月　日　　　　凭证编号：________

摘要	借方科目	金额											贷方科目	金额										
		亿	千	百	十	万	千	百	十	元	角	分		亿	千	百	十	万	千	百	十	元	角	分
	合计																							

附单据　张

会计主管：　　记账：　　制单：　　出纳：　　缴款人：

任务五　编制“其他费用分配表”及进行相应的账务处理

根据表 5-5 编制“其他费用分配表”。

其他费用分配表

2019 年 6 月

编制单位：安顺市黄果树新创公司　　　　单位：元

应借账户		成本或费用项目	银行存款
辅助生产成本	机修车间	制造费用	
辅助生产成本	供热车间	制造费用	
制造费用	基本生产车间	其他费用	
合计			

根据“其他费用分配表”填制记账凭证。

记账凭证

年　月　日　　　　　　　　　　凭证编号：______

<table>
<tr><td rowspan="2">摘要</td><td rowspan="2">借方科目</td><td colspan="11">金　额</td><td rowspan="2">贷方科目</td><td colspan="11">金　额</td></tr>
<tr><td>亿</td><td>千</td><td>百</td><td>十</td><td>万</td><td>千</td><td>百</td><td>十</td><td>元</td><td>角</td><td>分</td><td>亿</td><td>千</td><td>百</td><td>十</td><td>万</td><td>千</td><td>百</td><td>十</td><td>元</td><td>角</td><td>分</td></tr>
<tr><td></td><td></td><td></td><td></td><td></td><td></td><td></td><td></td><td></td><td></td><td></td><td></td><td></td><td></td><td></td><td></td><td></td><td></td><td></td><td></td><td></td><td></td><td></td><td></td><td></td></tr>
<tr><td></td><td></td><td></td><td></td><td></td><td></td><td></td><td></td><td></td><td></td><td></td><td></td><td></td><td></td><td></td><td></td><td></td><td></td><td></td><td></td><td></td><td></td><td></td><td></td><td></td></tr>
<tr><td></td><td></td><td></td><td></td><td></td><td></td><td></td><td></td><td></td><td></td><td></td><td></td><td></td><td></td><td></td><td></td><td></td><td></td><td></td><td></td><td></td><td></td><td></td><td></td><td></td></tr>
<tr><td></td><td></td><td></td><td></td><td></td><td></td><td></td><td></td><td></td><td></td><td></td><td></td><td></td><td></td><td></td><td></td><td></td><td></td><td></td><td></td><td></td><td></td><td></td><td></td><td></td></tr>
<tr><td></td><td></td><td></td><td></td><td></td><td></td><td></td><td></td><td></td><td></td><td></td><td></td><td></td><td></td><td></td><td></td><td></td><td></td><td></td><td></td><td></td><td></td><td></td><td></td><td></td></tr>
<tr><td></td><td>合计</td><td></td><td></td><td></td><td></td><td></td><td></td><td></td><td></td><td></td><td></td><td></td><td></td><td></td><td></td><td></td><td></td><td></td><td></td><td></td><td></td><td></td><td></td><td></td></tr>
</table>

附单据　张

会计主管：　　　记账：　　　制单：　　　出纳：　　　缴款人：

任务六　编制“辅助生产费用分配表”及进行相应的账务处理

根据表 5-3、表 5-4、表 5-5，用直接分配法编制“辅助生产费用分配表”。

辅助生产费用分配表

2019 年 6 月

编制单位：安顺市黄果树新创公司　　　　　　　　　　　　单位：元

<table>
<tr><td colspan="4">项　目</td><td>机修车间</td><td>供热车间</td><td>合计</td></tr>
<tr><td colspan="4">归集的辅助生产费用</td><td></td><td></td><td></td></tr>
<tr><td colspan="4">提供给辅助生产车间以外的劳务量</td><td></td><td></td><td></td></tr>
<tr><td colspan="4">辅助费用分配率</td><td></td><td></td><td></td></tr>
<tr><td rowspan="4">应借账户</td><td rowspan="2">制造费用</td><td rowspan="2">基本生产车间</td><td>接受劳务量</td><td></td><td></td><td></td></tr>
<tr><td>应负担费用</td><td></td><td></td><td></td></tr>
<tr><td rowspan="2">管理费用</td><td rowspan="2"></td><td>接受劳务量</td><td></td><td></td><td></td></tr>
<tr><td>应负担费用</td><td></td><td></td><td></td></tr>
<tr><td colspan="4">分配费用合计</td><td></td><td></td><td></td></tr>
</table>

根据“辅助生产费用分配表”填制记账凭证。

记账凭证

年　月　日　　　　　　　　　　凭证编号：______

<table>
<tr><td rowspan="2">摘要</td><td rowspan="2">借方科目</td><td colspan="11">金　额</td><td rowspan="2">贷方科目</td><td colspan="11">金　额</td></tr>
<tr><td>亿</td><td>千</td><td>百</td><td>十</td><td>万</td><td>千</td><td>百</td><td>十</td><td>元</td><td>角</td><td>分</td><td>亿</td><td>千</td><td>百</td><td>十</td><td>万</td><td>千</td><td>百</td><td>十</td><td>元</td><td>角</td><td>分</td></tr>
<tr><td></td><td></td><td></td><td></td><td></td><td></td><td></td><td></td><td></td><td></td><td></td><td></td><td></td><td></td><td></td><td></td><td></td><td></td><td></td><td></td><td></td><td></td><td></td><td></td><td></td></tr>
<tr><td></td><td></td><td></td><td></td><td></td><td></td><td></td><td></td><td></td><td></td><td></td><td></td><td></td><td></td><td></td><td></td><td></td><td></td><td></td><td></td><td></td><td></td><td></td><td></td><td></td></tr>
<tr><td></td><td></td><td></td><td></td><td></td><td></td><td></td><td></td><td></td><td></td><td></td><td></td><td></td><td></td><td></td><td></td><td></td><td></td><td></td><td></td><td></td><td></td><td></td><td></td><td></td></tr>
<tr><td></td><td></td><td></td><td></td><td></td><td></td><td></td><td></td><td></td><td></td><td></td><td></td><td></td><td></td><td></td><td></td><td></td><td></td><td></td><td></td><td></td><td></td><td></td><td></td><td></td></tr>
<tr><td></td><td></td><td></td><td></td><td></td><td></td><td></td><td></td><td></td><td></td><td></td><td></td><td></td><td></td><td></td><td></td><td></td><td></td><td></td><td></td><td></td><td></td><td></td><td></td><td></td></tr>
<tr><td></td><td>合计</td><td></td><td></td><td></td><td></td><td></td><td></td><td></td><td></td><td></td><td></td><td></td><td></td><td></td><td></td><td></td><td></td><td></td><td></td><td></td><td></td><td></td><td></td><td></td></tr>
</table>

附单据　张

会计主管：　　　记账：　　　制单：　　　出纳：　　　缴款人：

任务七 编制“制造费用分配表”及进行相应的账务处理

根据任务二、三、四、五、六，汇总制造费用，编制“制造费用分配表”（按照耗用工时分配）。

制造费用分配表

2019 年 6 月

编制单位：安顺市黄果树新创公司　　　　单位：元

应借账户		成本项目	分配标准	分配率	分配金额
基本生产成本	甲产品	制造费用			
	乙产品	制造费用			
合计					

根据“制造费用分配表”填制记账凭证。

记账凭证

年　月　日　　　　凭证编号：________

摘要	借方科目	金额 亿	千	百	十	万	千	百	十	元	角	分	贷方科目	金额 亿	千	百	十	万	千	百	十	元	角	分
	合计																							

附单据　张

会计主管：　　记账：　　制单：　　出纳：　　缴款人：

任务八 编制“产品成本计算单”及进行相应的账务处理

根据期初资料和任务一、二、三、四、五、六、七，编制“产品成本计算单”。

产品成本计算单（甲产品）

2019 年 6 月

编制单位：安顺市黄果树新创公司　　　　本月完工：

产品：甲产品　　　　月末在产品：

单位：元

摘要	直接材料	直接人工	制造费用	合计
月初在产品成本				
本月生产费用				

续表

摘要	直接材料	直接人工	制造费用	合计
生产费用累计				
完工产品产量				
在产品约当产量				
约当总产量				
约当单位产品成本				
月末完工产品成本				
月末在产品成本				

产品成本计算单（乙产品）

2019年6月

编制单位：安顺市黄果树新创公司　　　　本月完工：

产品：乙产品　　　　月末在产品：

单位：元

摘要	直接材料	直接人工	制造费用	合计
月初在产品成本				
本月生产费用				
生产费用累计				
完工产品产量				
在产品约当产量				
约当总产量				
约当单位产品成本				
月末完工产品成本				
月末在产品成本				

根据“产品成本计算单”填制记账凭证。

记账凭证

年　月　日　　　　凭证编号：________

摘要	借方科目	金额											贷方科目	金额										
		亿	千	百	十	万	千	百	十	元	角	分		亿	千	百	十	万	千	百	十	元	角	分
	合计																							

附单据　张

会计主管：　　记账：　　制单：　　出纳：　　缴款人：

第六章　财务成果核算岗位

岗位一　费用核算岗位

一、费用核算岗位认知

费用核算会计岗位是反映企业经营成果的三个会计要素中的费用要素的确认、计量和记录。费用核算岗位主要负责核算企业在日常活动中所发生的，会导致所有者权益减少的，与所有者分配利润无关的经济利益总流出。依据企业制定的成本计算方法核算企业产品生产成本或提供劳务成本、各项费用及有关税金，是正确计算企业成本和控制成本的专职部门。

二、费用核算岗位工作标准

（一）费用划分及明细科目设置标准

（1）管理费用是企业为组织和管理企业生产经营发生的各种费用，包括企业董事会和行政管理部门在企业的经营管理中发生的，或者应由企业统一负担的公司经费（包括行政管理部门职工工资、修理费、物料消耗、低值易耗品摊销、办公费和差旅费等）、工会经费、失业保险费、劳动保险费、董事会会费（包括董事会成员津贴、会议费和差旅费等）、聘请中介机构费、咨询费（含顾问费）、诉讼费、业务招待费、房产税、车船税、土地使用税、印花税、技术转让费、矿产资源补偿费、研究费用、排污费以及企业生产车间和行政管理部门发生的固定资产修理费等。

（2）财务费用是企业为筹集生产经营所需资金等而发生的费用，包括：①利息支出（减利息收入）；②汇兑损失（减汇兑收益）；③相关的手续费等。不包括：①企业在筹建期间，发生的上述费用；②企业在清算期间，发生的上述费用；③为购建固定资产的专门借款所发生的借款费用，在固定资产达到预定可使用状态前按规定应予资本化的部分。

（3）销售费用是销售产品、自制半成品和提供劳务等过程中发生的费用，包括由企业负担的包装费、运输费、广告费、装卸费、保险费、委托代销手续费、展览费、租赁费（不含融资租赁费）、销售服务费、销售部门人员工资、职工福利费、差旅费、办公费、折旧费、修理费、物料消耗、低值易耗品摊销以及其他经费等。差旅费、低值易耗品摊销是包括在管理费用里面的。

（二）费用报销标准

在费用核算岗位中，为了加强公司成本费用管理，公司费用开支应遵循“费用与收入比”、“计划总额控制”、“先申报、审批，后支出、报销”的原则，必须坚持凭有效票据报销的指导思想。有效票据主要指内容填写齐全、大小写金额一致、票面完整、清晰的正规发票、收据。所谓正规发票是指在发票上部盖有椭圆形税务机关统一监制章，且从税务局购入的发票，并盖有购入单位发票专用章。所谓正规收据是指在收据上部盖有财政局统一监制的章，且从税务局购入的收据。发票与收据的主要区别：发票是营业机构在取得营业收入时开具的，以此确认收入实现，而收据仅作为款项往来收讫的一种证明，不列入收入范畴。在发生费用支出时应主动索取发票（对于汇总发票，在报销时须附上销售清单，清单应列明购入商品时间、名称、规格、数量、单价等详细信息）。

（三）费用管控标准

1. 费用报账流程

（1）取得的正规发票或原始凭证可作为报账依据；

（2）填写费用报销单，根据公司报销标准填写，将正规发票贴到粘贴单上，填写好费用报销单，并经部门主管领导签字；

（3）签字之后找财务审核，财务审核无误；

（4）按公司财务规定由公司领导签字同意；

（5）签批完后出纳审核付款。

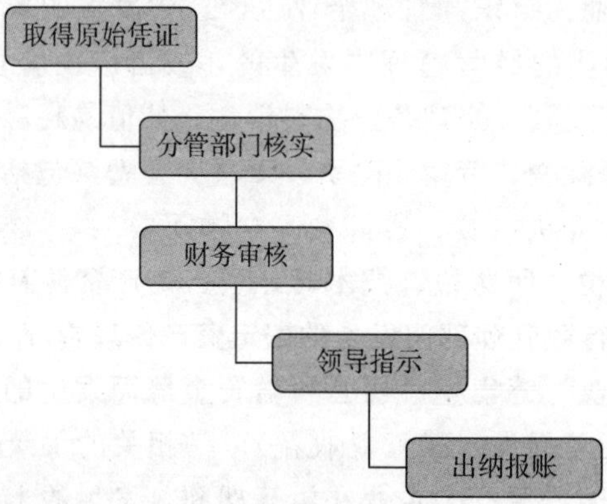

图 6-1　费用报账流程图

2. 签字流程

经手人签字——部门负责人签字（核实真实性）——会计审核（核实合法性）——财务科长签字（核实合理性，符合预算资金管理）——分管领导签字（根据公司财务签字职权规定金额）——总经理签字——出纳报账

三、费用核算岗位工作任务

工作任务项目	任务名称	任务描述
任务一	管理费用	按照公司管理费用报销标准和流程完成管理费用核算工作。
任务二	财务费用	按照公司财务费用规定和流程完成财务费用核算工作。
任务三	销售费用	按照公司销售费用报销标准和流程完成销售费用核算工作。

四、费用核算岗位工作流程

审核原始凭证完整、合法、金额正确→审核并更正原始凭证按规范粘贴和折叠→审核审批手续是否完备→审核部门费用支出进度（如超季度计划额度，除分管领导审批后，还须报总经理审批；如超年度计划额度，可拒绝报销）→编制记账凭证→涉及现金的凭证传出纳岗，不涉及现金的凭证传主管岗位复核。

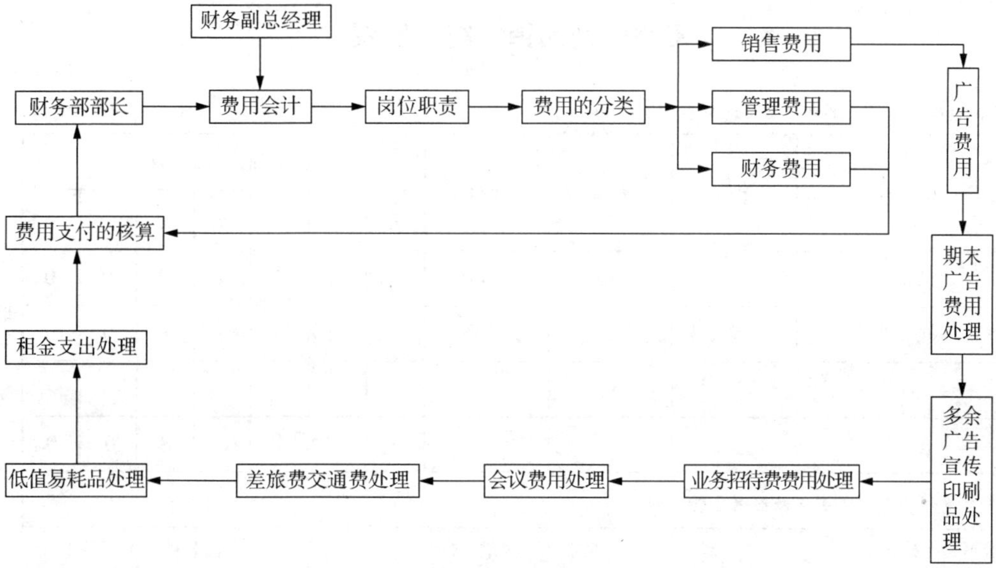

图 6-2　费用核算岗位工作流程图

五、费用核算岗位技能训练

1. 技能训练目的

在实训中，通过岗课结合的教学模式，学生能通过岗位实践的方式掌握该任务要点，熟悉会计制度对各项费用开支的有关规定，了解费用核算流程。

2. 技能训练要求

（1）能够独立审核各种费用单据：授权审批人和经手人签字齐全，原始单据数字清楚，业务情况反映明确。

（2）能够了解原始凭证代表的经济业务内容，填制记账凭证。金额和摘要要清楚，按照规定分清各部门和各项费用明细，制单和复核手续齐全。

（3）和往来账款及时进行对账。

（4）月末编制部门费用汇总表。

3. 技能训练设计

（1）形式：分组集中实训。

（2）时间：6 学时。

（3）用品：通用记账凭证。

任务一　管理费用

（1）2019 年 6 月 8 日，安顺市黄果树新创公司办公室购买笔记本、钢笔等办公用品。

办公室采购人员：张青　　办公室主任：关颖　　总经理：王天一

财务部经理：越红艳　　会计：朱刚　　出纳：陈婷

贵州省商品销售统一发票

全国统一发票监制章 贵州省 国家税务总局监制

客户名称及地址：安顺市黄果树新创公司　　2019 年 6 月 8 日 填制

品名规格	单位	数量	单价	金额						
				万	千	百	十	元	角	分
笔记本	本	20	6.00			1	2	0	0	0
钢　笔	支	10	14.80			1	4	8	0	0
合　计					¥	2	6	8	0	0
合计金额（大写）贰佰陆拾捌元整										

第二联 发票

财务专用章

填票人：张琪　　收款人：王家　　单位名称：（盖章）

办公用品领用表

领用部门	领用数量				金额
	笔记本	钢笔			
办公室	20	10			268
合计	20	10			268

用 款 申 请 单

201 年 月 日

客户名称		电　话	
解入户名		传　真	
开户银行		账　号	
用　途			
申请结金额	人民币（大写） ¥		
结算方式	网银□ 现金存款□ 电汇□ □	要求付款时间	月 日
总经理或其授权人审批意见		申请部门	申请人
		财务部初审意见	证明人

一 申请部门存查

记账凭证

年 月 日　　凭证编号：________

摘要	借方科目	金额											贷方科目	金额										
		亿	千	百	十	万	千	百	十	元	角	分		亿	千	百	十	万	千	百	十	元	角	分
	合计																							

附单据　张

会计主管：　记账：　制单：　出纳：　缴款人：

（2）2019 年 6 月 20 日，贵阳恒安有限责任公司办公室李峰借支差旅费 1 500 元到烟台进行学习考察。开户银行：贵阳市分行南明支行；开户账户：723653129871998；出纳：张玲；办公室主任：刘丽；财务科科长：张宇；公司经理：李友。

借 款 单

年 月 日　　字第　号

借款人姓名		借款理由	
所属部门			
借款金额￥　　元　人民币（大写）			
单位负责人批准	财务负责人意见	部门负责人意见	借款人签字

会计主管：　复核：　出纳：　经手人：

记账凭证

年 月 日　　　　　　　　凭证编号：

摘要	借方科目	金额											贷方科目	金额										
		亿	千	百	十	万	千	百	十	元	角	分		亿	千	百	十	万	千	百	十	元	角	分
	合计																							

附单据 张

会计主管：　　记账：　　制单：　　出纳：　　缴款人：

（3）2019 年 6 月 25 日，李峰从烟台回来报销差旅费。

全国统一发票监制章

烟台市服务业、娱乐业、
文化体育业通用发票（卷）

发票联

密码：

发票代码：937030600109

发票号码：2002612200

机打票号：0002612202

机器编号：9991200677740337

税务登记号：370601578961645

付款单位（个人）：王峰

经营项目：住宿费　金额￥1400.00

烟台波特曼丽酒店
370601578961645
发票专用章

收款单位签章

合计人民币（小写）￥1400.00

合计人民币（小写）壹仟肆佰元整

税控号：24048102101234500080

奖区

差旅费用报销单

年　月　日

<table>
<tr><td colspan="2">姓名</td><td colspan="5">部门</td><td colspan="4">单据张数</td></tr>
<tr><td colspan="2">起日</td><td colspan="2">止日</td><td rowspan="2">共计天数</td><td colspan="3">补助费（元）</td><td colspan="3">车船杂支费用（元）</td><td rowspan="2">合计金额</td></tr>
<tr><td>月</td><td>日</td><td>月</td><td>日</td><td>天数</td><td>标准</td><td>金额</td><td>车票</td><td>住宿费</td><td>杂支</td></tr>
<tr><td></td><td></td><td></td><td></td><td></td><td></td><td>50.00</td><td></td><td></td><td></td><td></td><td></td></tr>
<tr><td></td><td></td><td></td><td></td><td></td><td></td><td></td><td></td><td></td><td></td><td></td><td></td></tr>
<tr><td></td><td></td><td></td><td></td><td></td><td></td><td></td><td></td><td></td><td></td><td></td><td></td></tr>
<tr><td colspan="12">合计人民币（大写）：</td></tr>
<tr><td colspan="2">出差事由</td><td colspan="10"></td></tr>
<tr><td colspan="2">部门领导</td><td colspan="2"></td><td colspan="2">单位领导</td><td></td><td>会计</td><td></td><td colspan="2">出差人员</td><td></td></tr>
<tr><td colspan="2">原借金额</td><td colspan="2"></td><td colspan="2">报销金额</td><td></td><td colspan="2">交结余或超支金额</td><td colspan="2"></td><td></td></tr>
</table>

记账凭证

年　月　日　　　　　　　　　　凭证编号：

摘要	借方科目	金额											贷方科目	金额										
		亿	千	百	十	万	千	百	十	元	角	分		亿	千	百	十	万	千	百	十	元	角	分
	合计																							

附单据　张

会计主管：　　　记账：　　　制单：　　　出纳：　　　缴款人：

（4）2019 年 6 月 8 日，办公室肖强报销招待费。

贵阳市服务业、娱乐业、
文化体育业通用发票（卷）

发票联

密码：

发票代码：237081200110

发票号码：01322549

机打票号：01322549

机器编号：000531010435588

税务登记号：520103670115009

付款单位（个人）：安顺市黄果树新创公司

经营项目：餐饮　金额￥94.00

贵阳市南明区宏声大酒店
520103670115009
发票专用章

收款单位签章

合计人民币（小写）￥94.00

合计人民币（小写）玖拾肆元整

税控号：4260897442321197

奖区

记账凭证

年　月　日　　　　凭证编号：________

摘要	借方科目	金额											贷方科目	金额										
		亿	千	百	十	万	千	百	十	元	角	分		亿	千	百	十	万	千	百	十	元	角	分
	合计																							

附单据　张

会计主管：　　记账：　　制单：　　出纳：　　缴款人：

任务二　财务费用

安顺市黄果树新创公司出纳陈婷（身份证号码 523502198507300036）购买转账支票。银行账号：583-803366。

会计：丁亮　　出纳：陈婷　　财务科科长：赵红艳

支票领购单

年　月　日

户　名			账　号	
领购数量		起讫号码	自　　号至　　号	
领用单位签章：（预留银行签章）			领购单位经办员姓　名	签收
			身份证号码	
			以下银行填写： 经发：　　验印：	

现金管理收费凭证

中国工商银行
Industrial and Commercial Bank of China

6695627

2019年6月8日

付款人户名	安顺市黄果树新创公司				
付款人账号	583-803366				
业务种类	单位购买转账支票				
收费项目	收费基数	费率	交易量	交易金额	收费金额
转账支票工本费					5.00
转账支票手续费			25		15.00
金额（大写）	贰拾元整		（小写）￥20.00		

中国工商银行安顺黄果树支行
2014年12月[illegible]日
转账
转讫

第二联 客户回单

记账凭证

年 月 日

凭证编号：

摘要	借方科目	金额											贷方科目	金额										
		亿	千	百	十	万	千	百	十	元	角	分		亿	千	百	十	万	千	百	十	元	角	分
	合计																							

附单据 张

会计主管：　　记账：　　制单：　　出纳：　　缴款人：

任务三　销售费用

安顺市黄果树新创公司支付广告费用给山东光线广告有限公司。

销售科经办人：李明　　销售科科长：张扬　　总经理：王天一

会计：丁亮　　出纳：陈婷　　财务科科长：赵红艳

山东光线广告有限公司信息：

电话：0531-77686787　　传真号码：0531-77686787

开户银行：中国工行济南英雄路分理处

账号：340012008923411

安顺市黄果树新创公司信息：

开户银行：中国工商银行安顺黄果树支行

银行账号：583-803366。

山东省地方税务局通用机打发票

发 票 联

全国统一发票监制章 国家税务总局监制

密　码
发票代码 356001260489
发票号码 10397654
行业分类 广告行业

开票日期：2019 年 6 月 02 日

发票代码：356001260489
发票号码：10397654
付款方名称：安顺市黄果树新创公司
开票项目：广告费
金额大写：贰拾壹万元整
金额小写：210000.00
收款方名称：山东光线广告有限公司
（盖章）
开票人：高雪源
备注：

山东光线广告有限公司 370102556876302 发票专用章

（超过佰万元无效）　（适用范围：除娱乐业、餐饮业、旅店业以外的其他业务）

用 款 申 请 单

201　年　月　日

<table>
<tr><td>客户名称</td><td colspan="2"></td><td>电　话</td><td colspan="2"></td></tr>
<tr><td>解入户名</td><td colspan="2"></td><td>传　真</td><td colspan="2"></td></tr>
<tr><td>开户银行</td><td colspan="2"></td><td>账　号</td><td colspan="2"></td></tr>
<tr><td>用　途</td><td colspan="5"></td></tr>
<tr><td>申请结金额</td><td colspan="5">人民币（大写）　¥</td></tr>
<tr><td>结算方式</td><td colspan="2">网银□　现金存款□　电汇□　□</td><td>要求付款时间</td><td colspan="2">月　日</td></tr>
<tr><td rowspan="2">总经理或其授权人审批意见</td><td rowspan="2"></td><td>申请部门</td><td></td><td>申请人</td><td></td></tr>
<tr><td>财务部初审意见</td><td></td><td>证明人</td><td></td></tr>
</table>

一申请部门存查

中国工商银行　网上银行电子回单

<table>
<tr><td colspan="3">业务类型：网银汇款回单</td><td colspan="3">2019年6月03日</td></tr>
<tr><td rowspan="4">付款方</td><td>账　号</td><td>583-803366</td><td rowspan="4">收款方</td><td>账　号</td><td>340012008923411</td></tr>
<tr><td>全　称</td><td>安顺市黄果树新创公司</td><td>全　称</td><td>山东光线广告有限公司</td></tr>
<tr><td>开户银行</td><td>中国工商银行安顺黄果树支行</td><td>开户银行</td><td>工行济南英雄路分理处</td></tr>
<tr><td>行　号</td><td>3703</td><td>行　号</td><td>06429</td></tr>
<tr><td colspan="2" rowspan="2">金　额</td><td colspan="4">RMB：210000.00</td></tr>
<tr><td colspan="4">人民币（大写）：贰拾壹万元整</td></tr>
<tr><td colspan="2">流水号</td><td colspan="2">X904505000357034921 20230</td><td>验证码</td><td>02104418</td></tr>
<tr><td colspan="2">摘　要</td><td colspan="4">支付广告费　安顺市黄果树新创公司</td></tr>
</table>

中国工商银行 电子回单专用章

记账凭证

年 月 日　　　　凭证编号：

摘要	借方科目	金额											贷方科目	金额										
		亿	千	百	十	万	千	百	十	元	角	分		亿	千	百	十	万	千	百	十	元	角	分
合计																								

附单据　张

会计主管：　　记账：　　制单：　　出纳：　　缴款人：

岗位二　利润核算岗位

一、利润核算岗位认知

利润核算岗位是核算各项期间费用、营业外收入、营业外支出等业务，汇总企业一定期间的发生的营业收入、营业成本、费用等损益账户发生额、结转转入本年利润、通过本年利润账户反映企业一定期间经营成果，年终根据企业盈利情况和企业董事会决议完成企业利润分配和结转。

二、利润核算岗位工作标准

（一）利润结转的方法

根据会计制度，可以每月结转损益科目，也可以每月不结转，待年底时一次性结转。每月结转的方法叫作账结法；年底一次性结转的方法叫作表结法。账结法结算时损益类的所有账户的余额结转汇总到本年利润科目，最后账户无余额，安顺市黄果树新创公司采用账结法结转利润。

（二）利润分配原则

（1）依法分配原则。
（2）资本保全原则。
（3）充分保护债权人利益原则。
（4）多方及长短期利益兼顾原则。

（三）公司利润分配的项目

1. 法定公积金

法定公积金从净利润中提取形成，用于弥补公司亏损、扩大公司生产经营或者转为增加公司资本。公司分配当年税后利润时应当按照10%的比例提取法定公积金；当法定公积金累计额达到公司注册资本的50%时，可不再继续提取。任意公积金的提取由股东会根据需要决定。

2. 股利（向投资者分配的利润）

公司向股东（投资者）支付股利（分配利润），要在提取公积金之后。股利（利润）的分配应以各股东（投资者）持有股份（投资额）的数额为依据，每一位股东（投资者）取得的股利（分得的利润）与其持有的股份数（投资额）成正比。股份有限公司原则上应从累计盈利中分派股利，无盈利不得支付股利，即所谓“无利不分”的原则。但若公司用公积金抵补亏损以后，为维护其股票信誉，经股东大会特别决议，也可用公积金支付股利。

（四）利润分配的顺序

1. 计算可供分配的利润

将本年净利润（或亏损）与年初未分配利润（或亏损）合并，计算出可供分配的利润。如果可供分配的利润为负数（即亏损），则不能进行后续分配；如果可供分配利润为正数（即本年累计盈利），则进行后续分配。

2. 提取法定盈余公积金

在不存在年初累计亏损的前提下，法定盈余公积金按照税后净利润的10%提取。法定盈余公积金已达注册资本的50%时可不再提取。提取的法定盈余公积金用于弥补以前年度亏损或转增资本金。但转增资本金后留存的法定盈余公积金不得低于注册资本的25%。

3. 提取任意盈余公积金

任意盈余公积金计提标准由股东大会确定，如确因需要，经股东大会同意后，也可用于分配。

4. 向股东（投资者）支付股利（分配利润）

企业以前年度未分配的利润，可以并入本年度分配。

公司股东会或董事会违反上述利润分配顺序，在抵补亏损和提取法定公积金之前向股东分配利润的，必须将违反规定发放的利润退还公司。

（五）弥补亏损有关规定

（1）企业纳税年度发生的亏损，准予以后年度结转，用以后年度的所得弥补，单结转年限最长不得超过5年。

（2）将不征税收入、免税收入、减计收入、减免税项目所得，加计扣除和抵扣应纳税，减少扩大企业亏损。

三、利润核算岗位工作任务

工作任务项目	任务名称	任务描述
任务一	损益结转入本年利润	月末完成企业经营成果的结转。
任务二	利润分配	年终进行利润分配。

四、利润核算岗位工作流程

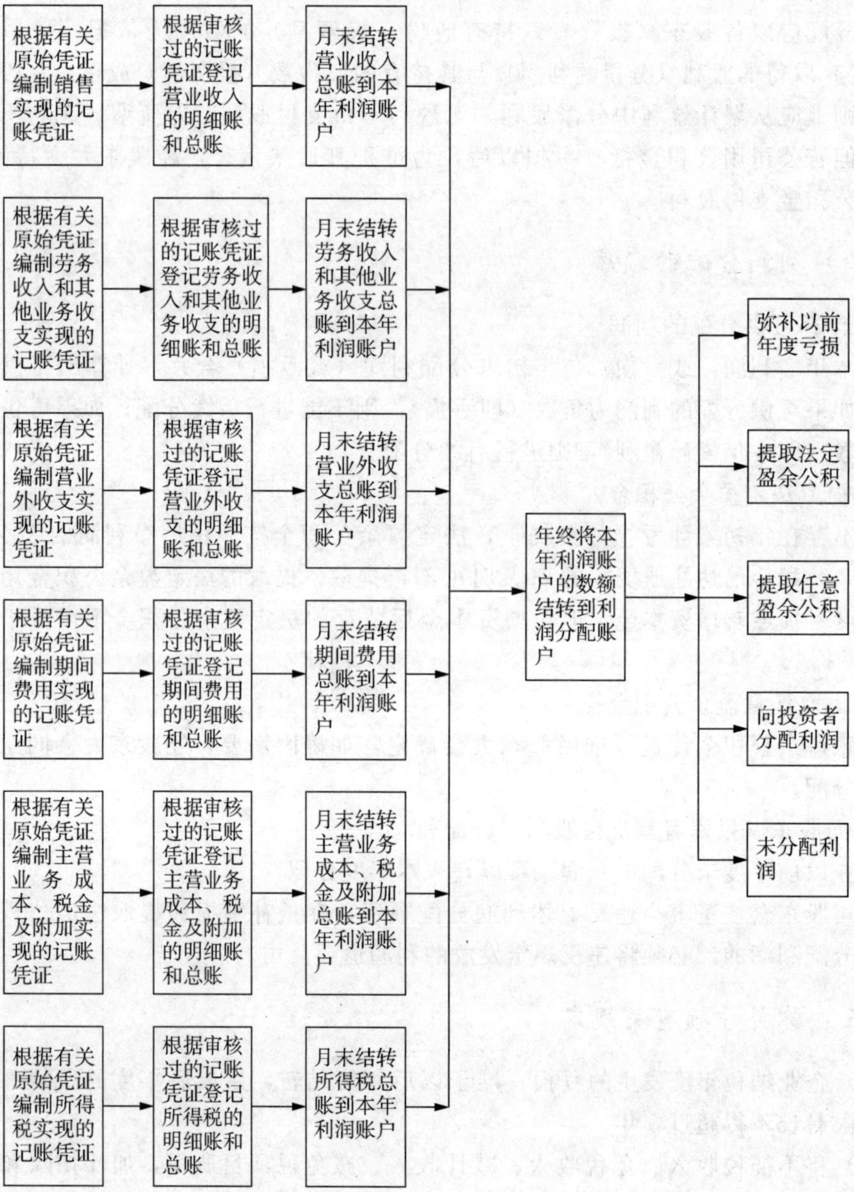
根据有关原始凭证编制销售实现的记账凭证
根据审核过的记账凭证登记营业收入的明细账和总账
月末结转营业收入总账到本年利润账户
根据有关原始凭证编制劳务收入和其他业务收支实现的记账凭证
根据审核过的记账凭证登记劳务收入和其他业务收支的明细账和总账
月末结转劳务收入和其他业务收支总账到本年利润账户
根据有关原始凭证编制营业外收支实现的记账凭证
根据审核过的记账凭证登记营业外收支的明细账和总账
月末结转营业外收支总账到本年利润账户
根据有关原始凭证编制期间费用实现的记账凭证
根据审核过的记账凭证登记期间费用的明细账和总账
月末结转期间费用总账到本年利润账户
根据有关原始凭证编制主营业务成本、税金及附加实现的记账凭证
根据审核过的记账凭证登记主营业务成本、税金及附加的明细账和总账
月末结转主营业务成本、税金及附加总账到本年利润账户
根据有关原始凭证编制所得税实现的记账凭证
根据审核过的记账凭证登记所得税的明细账和总账
月末结转所得税总账到本年利润账户
年终将本年利润账户的数额结转到利润分配账户
弥补以前年度亏损
提取法定盈余公积
提取任意盈余公积
向投资者分配利润
未分配利润

图 6-3　利润核算岗位工作流程图

五、利润核算岗位技能训练

1. 技能训练目的

通过完成利润结转和利润分配，实现企业经营成果核算，完成企业年终分配。

2. 技能训练要求

根据总账结转损益类账户，转入利润账户；根据国家规定和企业要求进行年终利润分配。

3. 技能训练设计

（1）形式：采用分组的方式进行，一组 4～5 名同学。

（2）时间：4 学时。

（3）用品：通用记账凭证。

任务一　损益结转

资料：

安顺市黄果树新创公司损益内部转账单

2019 年 6 月 31 日

会计科目	借方发生额	贷方发生额
主营业务收入		2 360 000
主营业务成本	961 000	
营业税金及附加	63 000	
销售费用	10 000	
管理费用	379 000	
财务费用	50 000	
投资收益		30 000
其他业务收入		640 000
其他业务成本		
营业外收入		
营业外支出	239 000	
所得税费用	332 000	

（1）根据收入类损益账户的总账金额结转入“本年利润”账户。

记账凭证

年 月 日　　　　凭证编号：______

摘要	借方科目	金额											贷方科目	金额										
		亿	千	百	十	万	千	百	十	元	角	分		亿	千	百	十	万	千	百	十	元	角	分
	合计																							

附单据　张

会计主管：　　记账：　　制单：　　出纳：　　缴款人：

（2）将本月实现的成本、费用类账户结转入“本年利润”账户。

记账凭证

年 月 日　　　　凭证编号：______

摘要	借方科目	金额											贷方科目	金额										
		亿	千	百	十	万	千	百	十	元	角	分		亿	千	百	十	万	千	百	十	元	角	分
	合计																							

附单据　张

会计主管：　　记账：　　制单：　　出纳：　　缴款人：

任务二　利润分配

将“本年利润”期末余额转入“利润分配”账户。

（1）结转本年税后利润（1—6 月累计利润 105 000 元）。

记账凭证

年 月 日　　　　凭证编号：______

摘要	借方科目	金额											贷方科目	金额										
		亿	千	百	十	万	千	百	十	元	角	分		亿	千	百	十	万	千	百	十	元	角	分
	合计																							

附单据　张

会计主管：　　记账：　　制单：　　出纳：　　缴款人：

按要求依次进行利润分配，并编制记账凭证。

（2）提取法定盈余公积金（提取比例10％）。

记账凭证

年　月　日　　　　凭证编号：________

摘要	借方科目	金额									贷方科目	金额								
		百	十	万	千	百	十	元	角	分		百	十	万	千	百	十	元	角	分
	合计																			

附单据　张

会计主管：　　记账：　　制单：　　出纳：　　缴款人：

（3）应付投资者现金股利（净利润的20％）。

记账凭证

年　月　日　　　　凭证编号：________

摘要	借方科目	金额									贷方科目	金额								
		百	十	万	千	百	十	元	角	分		百	十	万	千	百	十	元	角	分
	合计																			

附单据　张

会计主管：　　记账：　　制单：　　出纳：　　缴款人：

（4）将“利润分配”的其他明细账全部转入“利润分配——未分配利润”账户。

记账凭证

年　月　日　　　　凭证编号：________

摘要	借方科目	金额									贷方科目	金额								
		百	十	万	千	百	十	元	角	分		百	十	万	千	百	十	元	角	分
	合计																			

附单据　张

会计主管：　　记账：　　制单：　　出纳：　　缴款人：

岗位三　财务会计报表岗位

一、财务会计报表岗位认知

财务会计报表岗位是把企业一定会计期间财务状况、经营情况、资金流量、所有者权益等信息通过编制报表综合反映及分析的岗位，是在对账、财产清查、结账的基础上，利用日常会计核算形成的账簿资料数据编制资产负债表、利润表、现金流量表、所有者权益（或股东权益）变动表和附注，对外向相关部门、对内向管理者提供，用于分析、管理和决策，是反映综合整体情况和企业发展的会计重要岗位。

二、财务会计报表岗位工作标准

（一）会计报表编制要求

（1）真实可靠。
（2）内容完整。
（3）便于理解。
（4）编报及时。

（二）资产负债表项目的填列

本表反映小企业一定日期全部资产、负债和所有者权益的情况。

本表“年初数”栏内各项数字，应根据上年末资产负债表“期末数”栏内所列数字填列。

本表“期末数”各项目的内容和填列方法：根据总账科目余额填列；根据明细科目余额计算填列；根据总账科目和明细科目余额分析计算填列；根据有关科目余额减去其备抵科目余额后的金额计算填列；综合运用上述填列方法分析填列。

（三）利润表项目的填列

营业收入＝主营业务收入发生额＋其他业务收入发生额

营业利润＝营业收入－营业成本（主营业务成本发生额＋其他业务成本发生额）－营业税金及附加－销售费用－管理费用－财务费用－资产减值损失＋公允价值变动收益（－公允价值变动损失）＋投资收益（－投资损失）

利润总额＝营业利润＋营业外收入－营业外支出

净利润＝利润总额－所得税费用

三、财务会计报表岗位工作任务

工作任务项目	任务名称	任务描述
任务一	编制资产负债表	明确资产负债表反映的经济内容，能够根据总账、明细账余额填列各项目数据，试算平衡。
任务二	编制利润表	明确利润反映的经济内容，能够根据总账、明细账发生额填列各项目数据，正确计算经营成果。

四、财务会计报表岗位工作流程

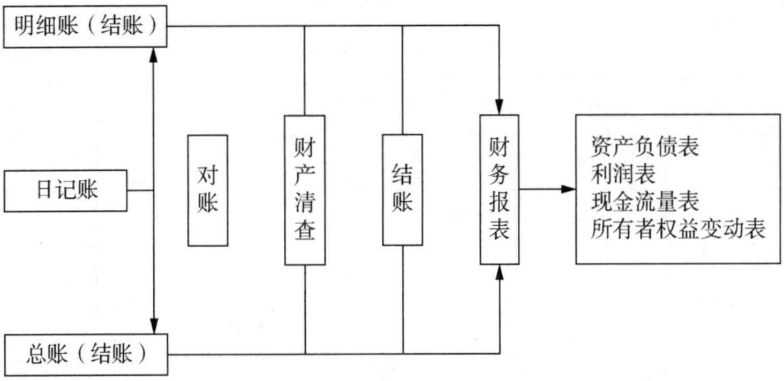

图 6-4　财务会计报表岗位工作流程图

五、财务会计报表岗位技能训练

1. 技能训练目的

通过本岗位学习，使学生掌握财务报表的编制方法。

2. 技能训练要求

根据所给资料按照报表编制方法，编制资产负债表、利润表。

3. 技能训练设计

（1）形式：把学生进行分组，3 人一组。

（2）时间：4 学时。

4. 技能训练实训资料

根据某企业的科目余额表，编制资产负债表；根据损益类科目累计发生额表，编制利润表。

任务一　编制资产负债表

要求：安顺市黄果树新创公司 2019 年 6 月 31 日有关科目的余额见表 6-1、表 6-2，根据表 6-1 编制 2019 年 6 月资产负债表，根据表 6-2 编制利润表。

表 6-1　科目余额表

2019 年 6 月 31 日

科目名称	期末余额	年初余额	科目名称	期末余额	年初余额
库存现金	435 600	100 000	短期借款	100 000	300 000
银行存款	250 000	487 600	应付票据	200 000	50 000
交易性金融资产	490 000	500 000	应付账款	950 000	890 000
应收票据		15 000	预收款项		60 000
应收账款			应付职工薪酬——工资	90 000	90 000
——甲公司	100 000	200 000	应付职工薪酬——福利费	10 000	9 000
——乙公司	350 000	250 000	应交税费	80 000	20 000
——丙公司	13 200	10 200	应付利息	10 000	11 000
坏账准备	4 000	1 000	其他应付款	59 000	60 000
预付账款	10 000				
应收股利	60 000	18 000			
其他应收款	10 000	18 000	长期借款	1 600 000	1 600 000
原材料	50 000	80 000	其中：一年内到期的长期借款		1 000 000
周转材料——包装物	80 000	90 000			
周转材料——低值易耗品	10 000	10 000			
库存商品	1 100 000	1 090 000			
长期股权投资	520 000	500 000	实收资本	4 000 000	4 000 000
固定资产	1 069 000	1 160 000	资本公积	108 000	
累计折旧	200 000	60 000	盈余公积	120 000	100 000
在建工程	2 000 000	2 000 000	利润分配（未分配利润）	156 800	187 800
工程物资	50 000				
无形资产	1 010 000	800 000			
生产成本	30 000	10 000			
长期待摊费用	50 000	100 000			
资产合计	7 483 800	7 377 800	负债和所有者权益合计	7 483 800	7 377 800

表 1-2　损益类科目累计发生额

会计科目	借方发生额	贷方发生额
主营业务收入		2 360 000
主营业务成本	961 000	
营业税金及附加	63 000	
销售费用	10 000	
管理费用	379 000	
财务费用	50 000	
投资收益		30 000
其他业务收入		640 000
其他业务成本		
营业外收入		
营业外支出	239 000	
所得税费用	332 000	

资产负债表

会企 01 表

编制单位：　　　　　　　　　　年　月　日　　　　　　　　　　单位：元

资产	年初余额	期末余额	负债和所有者权益（或股东权益）	年初余额	期末余额
流动资产：			流动负债：		
货币资金			短期借款		
交易性金融资产			应付票据		
应收票据			应付账款		
应收账款			预收款项		
预付款项			应付职工薪酬		
应收利息			应交税费		
应收股利			应付利息		
其他应收款			应付股利		
存货			其他应付款		
其他流动资产			其他流动负债		
流动资产合计			流动负债合计		

续表

资产	年初余额	期末余额	负债和所有者权益（或股东权益）	年初余额	期末余额
非流动资产：			非流动负债：		
固定资产			长期借款		
减：累计折旧			其他非流动负债		
固定资产净值			非流动负债合计		
在建工程			负债合计		
工程物资			所有者权益：		
固定资产清理			实收资本		
无形资产			资本公积		
长期待摊费用			盈余公积		
其他非流动资产			未分配利润		
非流动资产合计			所有者权益合计		
资产总计			负债和所有者权益合计		

任务二　编制利润表

利润表

会企 02 表

编制单位：　　　　　　　　　　年　月　　　　　　　　　　单位：元

项　　目	本期金额	上期金额（略）
一、营业收入		
减：营业成本		
营业税金及附加		
销售费用		
管理费用		
财务费用		
资产减值损失		
加：公允价值变动收益（损失以“—”填列）		
投资收益（损失以“—”填列）		
其中：对联营企业和合营企业的投资收益		
二、营业利润（损失以“—”填列）		

续表

项　　目	本期金额	上期金额（略）
加：营业外收入		
减：营业外支出		
其中：非流动资产处置损失		
三、利润总额（损失以“—”填列）		
减：所得税费用		
四、净利润（损失以“—”填列）		
五、每股收益		
（一）基本每股收益		
（二）稀释每股收益		

第七章　纳税会计岗位

一、税务岗位认知

税务会计岗位是纳税企业进行税务筹划、税费计算和纳税申报的专职岗位。是会计部门的主要工作岗位之一。具体工作任务有（1）办理公司税务上的缴纳、查对、复核等事项；（2）办理有关的免税申请及退税冲账等事项；（3）办理税务登记及变更等有关事项；（4）编制有关的税务报表及相关分析报告；（5）办理其他与税务有关的事项。税务岗位的核心工作任务就是办理纳税申报。

二、税务岗位工作标准

（一）税务登记和增值税一般纳税人资格认定办法（标准）

1. 凡达到增值税一般纳税人标准的，可以向其所在地主管税务机关申请办理增值税一般纳税人认定手续。

2. 增值税一般纳税人标准是指企业财务健全，能准确核算增值税进项税额、销项税额和应纳税额；企业年应纳税销售收入连续12个月达到标准500万元

3. 新办企业申请认定增值税一般纳税人的，应当根据该纳税人的销售合同或者生产经营规模预计其应税销售收入。预计销售收入达到标准的可以申请认定增值税一般纳税人。

4. 已开业的小规模企业，其年应税销售额超过规定标准的，税务机关强制认定为增值税一般纳税人。

（二）增值税专用发票的使用与管理主要规定

专用发票，是增值税一般纳税人销售货物或者提供应税劳务开具的发票，是购买方支付增值税额并可按照增值税有关规定据以抵扣增值税进项税额的凭证。专用发票由基本联次或者基本联次附加其他联次构成，基本联次为三联：发票联、抵扣联和记账联。发票联，作为购买方核算采购成本和增值税进项税额的记账凭证；抵扣联，作为购买方报送主管税务机关认证和留存备查的凭证；记账联，作为销售方核算销售收入和增值税销项税额的记账凭证。其他联次用途，由一般纳税人自行确定。专用发票实行最高开票限额管理。

1. 一般纳税人应通过增值税防伪税控系，使用专用发票。使用，包括领购、开具、缴销、认证纸质专用发票及其相应的数据电文。一般纳税人销售货物或者提供应税劳务，应向索取专用发票的购买方开具专用发票。

2. 增值税小规模纳税人需要开具专用发票的，可向主管税务机关申请代开。

4. 销售免税货物不得开具专用发票，法律、法规及国家税务总局另有规定的除外

（三）增值税的计算办法及有关规定

增值税的计算方法

（1）一般纳税人应纳税额的计算方法

一般纳税人应纳增值税的计算采用扣税法，其计算公式如下：

应交增值税税额＝当期销项税额－当期进项税额

如果当期销项税额小于进项税额，则其差额可以结转下期抵扣。

计算公式及涉及项目见下图（重点）

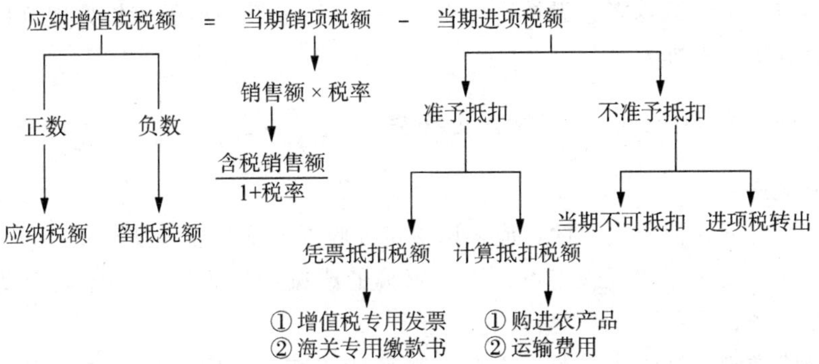

当期销项税额＝销售应税货物或提供应税劳务的收入×适用增值税税率

销项税额是企业向购货方收取的增值税额；进项税额则是企业购买货物或接受应税劳务时向销售方支付的增值税额。由此可见，增值税实际上是价外税，实行价税分离。式中的“销售应税货物或提供应税劳务的收入”应为不含增值税的收入。如果一般纳税人将销售货物或提供应税劳务采用销售额和销项税额合并定价的方法，在计算应纳税额时应将含税的销售额换算为不含税的销售额，其计算公式如下：不含税销售额＝含税销售额÷（1＋增值税税率）

销售额的包含因素	销售额的不包含因素
包括向购买方收取的全部价款和价外费用。 所谓价外费用，包括价外向购买方收取的手续费、补贴、基金、集资费、返还利润、奖励费、违约金、滞纳金、延期付款利息、赔偿金、代收款项、代垫款项、包装费、包装物租金、储备费、优质费、运输装卸费以及其他各种性质的价外收费。 价外费用一般为含税收入，在征税时换算成不含税收入，再并入销售额。	（1）不包括收取的增值税销项税额。 销售额＝含增值税销售额÷（1＋税率） （2）受托加工应征消费税的消费品所代收代缴的消费税。 （3）符合条件的代垫运输费用，承运部门的运输费用发票开具给购买方的；纳税人将该项发票转交给购货方的。 （4）符合条件的代为收取的政府性基金或者行政事业性收费。

2. 特殊销售方式下的销售额的特殊计算规则

(1) 视同销售行为的销售额纳税人销售价格明显偏低并无正当理由或者有视同销售货物行为而无销售额者，在计算时，视同销售行为的销售额要按照如下规定的顺序来确定：

①按纳税人最近时期同类货物的平均销售价格确定；②按其他纳税人最近时期同类货物的平均销售价格确定；③按组成计税价格确定。组价公式一：组成计税价格＝成本×（1＋成本利润率）组价公式二：组成计税价格＝成本×（1＋成本利润率）＋消费税

(2) 包装物押金是否计入销售额

①一年以内且未过企业规定期限，单独核算者，不做销售处理；②一年以内但过企业规定期限，单独核算者，做销售处理；③一年以上，一般做销售处理（特殊放宽期限的要经税务机关批准）。

（四）企业所得税的计算办法及有关规定

1. 适用范围

纳税人具有下列情形之一的，应采取核定征收方式征收企业所得税：

(1) 依照税收法律法规规定可以不设账簿的或按照税收法律法规规定动作应设置但未设置账簿的；

(2) 只能准确核算收入总额，或收入部额能够查实，但其成本费用支出不能准确核算的；

(3) 只能准确核算成本费用支出，或成本费用支出能够查实，但其收入总额不能准确核算的；

(4) 收入总额及成本费用支出均不能正确核算，不能向主管税务机关提供真实、准确、完整纳税资料，难以查实的；

(5) 帐目设置和核算虽然符合规定，但并未按规定保存有关账簿、凭证及有关纳税资料的；

(6) 发生纳税义务，未按照税收法律法规规定的期限办理纳税申报，经税务机关责令限期申报，逾期仍不申报的。

2. 不予扣除项目

新《企业所得税法》第十条规定，在计算应纳税所得额时，下列支出不得扣除：(1) 向投资者支付的股息、红利等权益性投资收益款项；(2) 企业所得税税款；(3) 税收滞纳金；(4) 罚金、罚款和被没收财物的损失；(5) 本法第九条规定以外的捐赠支出；(6) 赞助支出；(7) 未经核定的准备金支出；(8) 与取得收入无关的其他支出

3. 企业所得税征收按比例规定征收

4. 应纳税所得计算

应纳税所得额是企业所得税的计税依据，按照企业所得税法的规定，应纳税所得额为企业每一个纳税年度的收入总额，减除不征税收入、免税收入、各项扣除以及允许弥补的以前年度亏损后的余额。应纳税所得额的正确计算直接关系到国家财政收入

和企业的税收负担，并且同成本、费用核算关系密切。

三、税务岗位工作任务

工作任务项目	任务名称	任务描述
任务一	纳税登记和增值税一般纳税人资格认定	纳税人自领营业执照30日内持有关证件向当地税务机关申报办理税务登记，纳税人进行税务登记后，30日内持税务登记表向税务局申请一般纳税人资格认定，税务机关根据申请人情况予以认定(熟悉申请过程)。
任务二	增值税计算、申报与缴纳	根据企业购销发票进行整理登记，计算应交增值税税额，填报增值税申报表，并进行缴纳。
任务三	城建税、教育费附加计算与申报	根据企业计算的本月应交流转税总额计算应交城建税、教育费附加并缴纳。
任务四	企业所得税计算与申报	根据企业的业务对照所得税法计算应纳税所得额、应交所得税并缴纳当期所得税。

四、税务岗位工作流程图

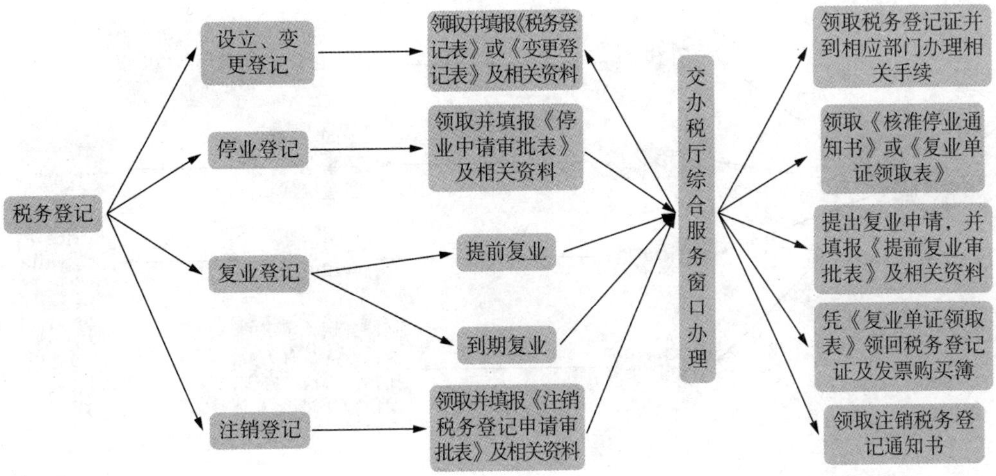

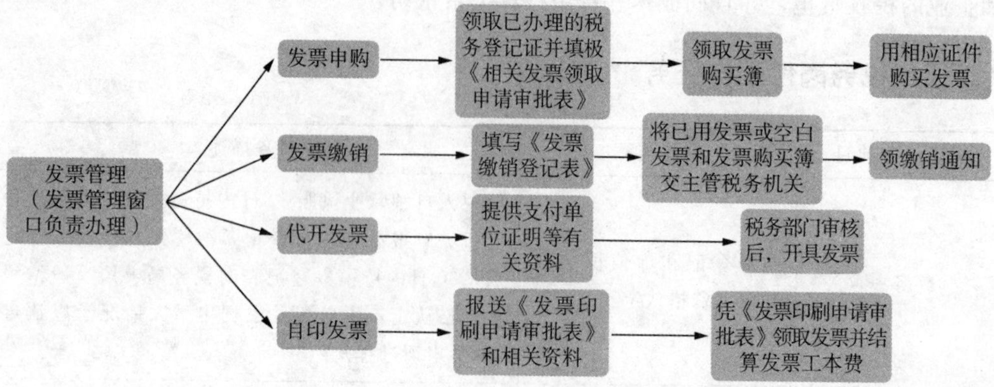
发票管理
（发票管理窗口负责办理）
发票申购
领取已办理的税务登记证并填极《相关发票领取申请审批表》
领取发票购买簿
用相应证件购买发票
发票缴销
填写《发票缴销登记表》
将已用发票或空白发票和发票购买簿交主管税务机关
领缴销通知
代开发票
提供支付单位证明等有关资料
税务部门审核后，开具发票
自印发票
报送《发票印刷申请审批表》和相关资料
凭《发票印刷申请审批表》领取发票并结算发票工本费

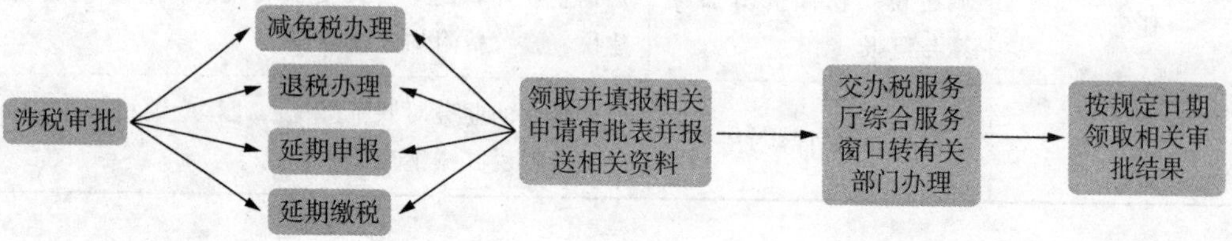
涉税审批
减免税办理
退税办理
延期申报
延期缴税
领取并填报相关申请审批表并报送相关资料
交办税服务厅综合服务窗口转有关部门办理
按规定日期领取相关审批结果

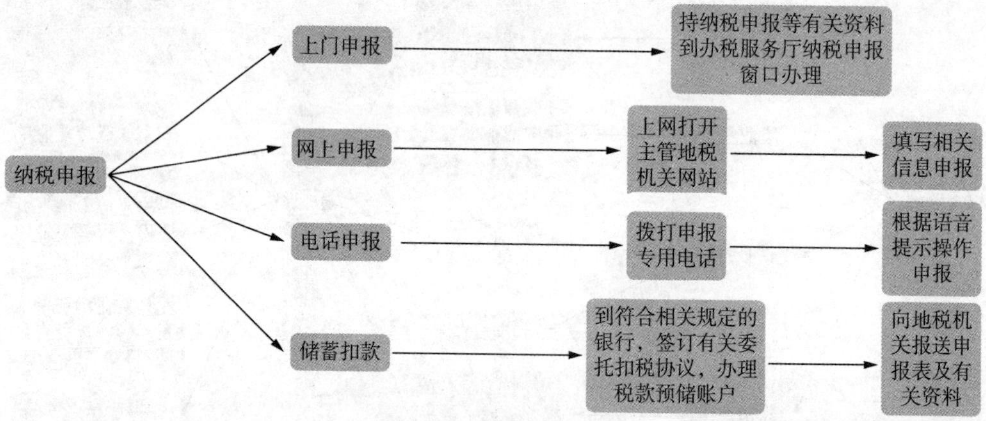
纳税申报
上门申报
持纳税申报等有关资料到办税服务厅纳税申报窗口办理
网上申报
上网打开主管地税机关网站
填写相关信息申报
电话申报
拨打申报专用电话
根据语音提示操作申报
储蓄扣款
到符合相关规定的银行，签订有关委托扣税协议，办理税款预储账户
向地税机关报送申报表及有关资料

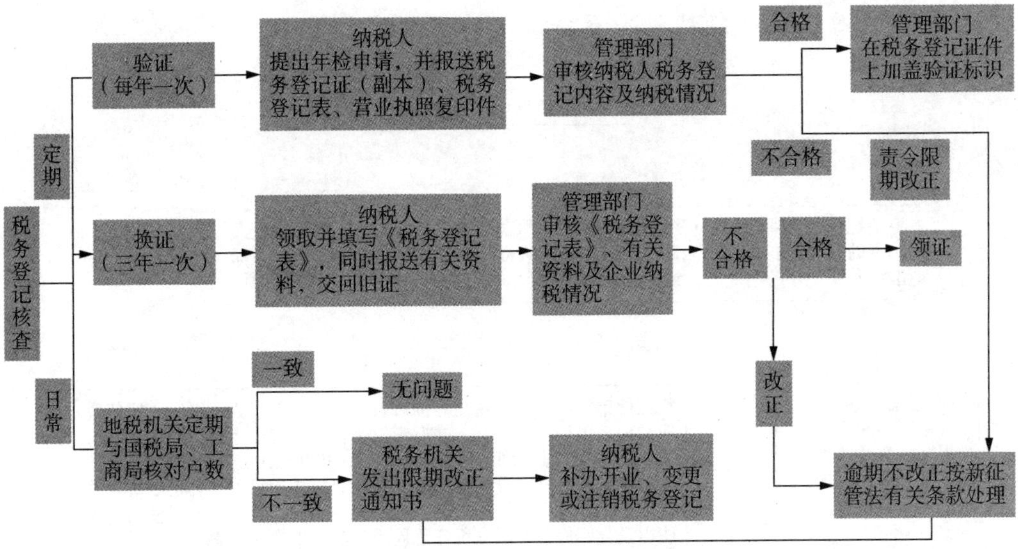
税务登记核查
定期
日常
验证（每年一次）
纳税人 提出年检申请，并报送税务登记证（副本）、税务登记表、营业执照复印件
管理部门 审核纳税人税务登记内容及纳税情况
合格
管理部门 在税务登记证件上加盖验证标识
不合格
责令限期改正
换证（三年一次）
纳税人 领取并填写《税务登记表》，同时报送有关资料，交回旧证
管理部门 审核《税务登记表》、有关资料及企业纳税情况
不合格
合格
领证
改正
一致
无问题
地税机关定期与国税局、工商局核对户数
不一致
税务机关 发出限期改正通知书
纳税人 补办开业、变更或注销税务登记
逾期不改正按新征管法有关条款处理

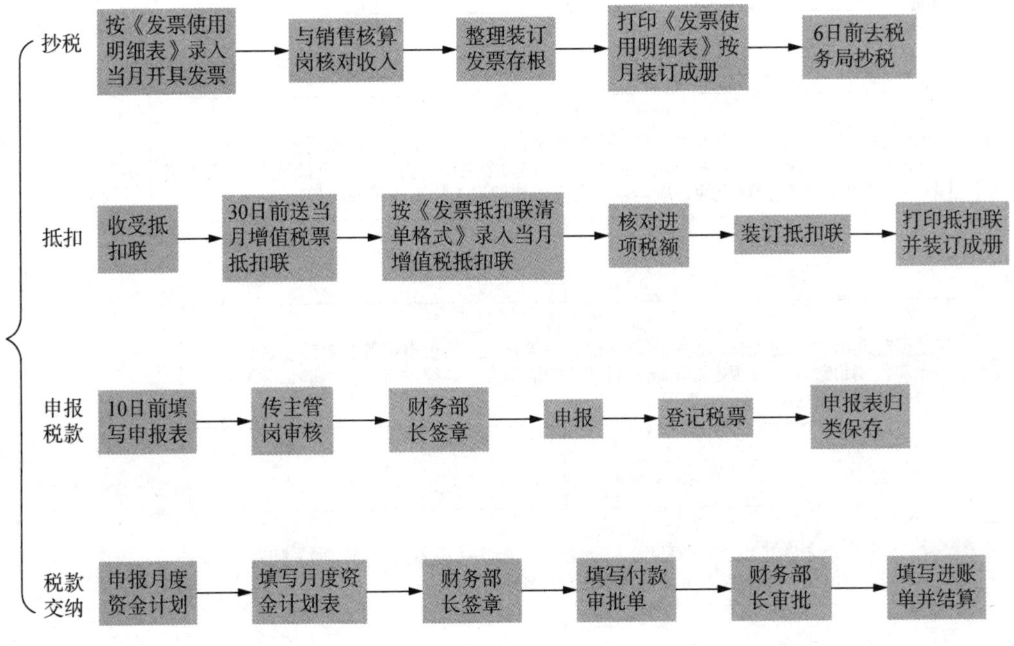
抄税
按《发票使用明细表》录入当月开具发票
与销售核算岗核对收入
整理装订发票存根
打印《发票使用明细表》按月装订成册
6日前去税务局抄税
抵扣
收受抵扣联
30日前送当月增值税票抵扣联
按《发票抵扣联清单格式》录入当月增值税抵扣联
核对进项税额
装订抵扣联
打印抵扣联并装订成册
申报税款
10日前填写申报表
传主管岗审核
财务部长签章
申报
登记税票
申报表归类保存
税款交纳
申报月度资金计划
填写月度资金计划表
财务部长签章
填写付款审批单
财务部长审批
填写进账单并结算

（一）对增值税一般纳税人资格认定的审批流程图

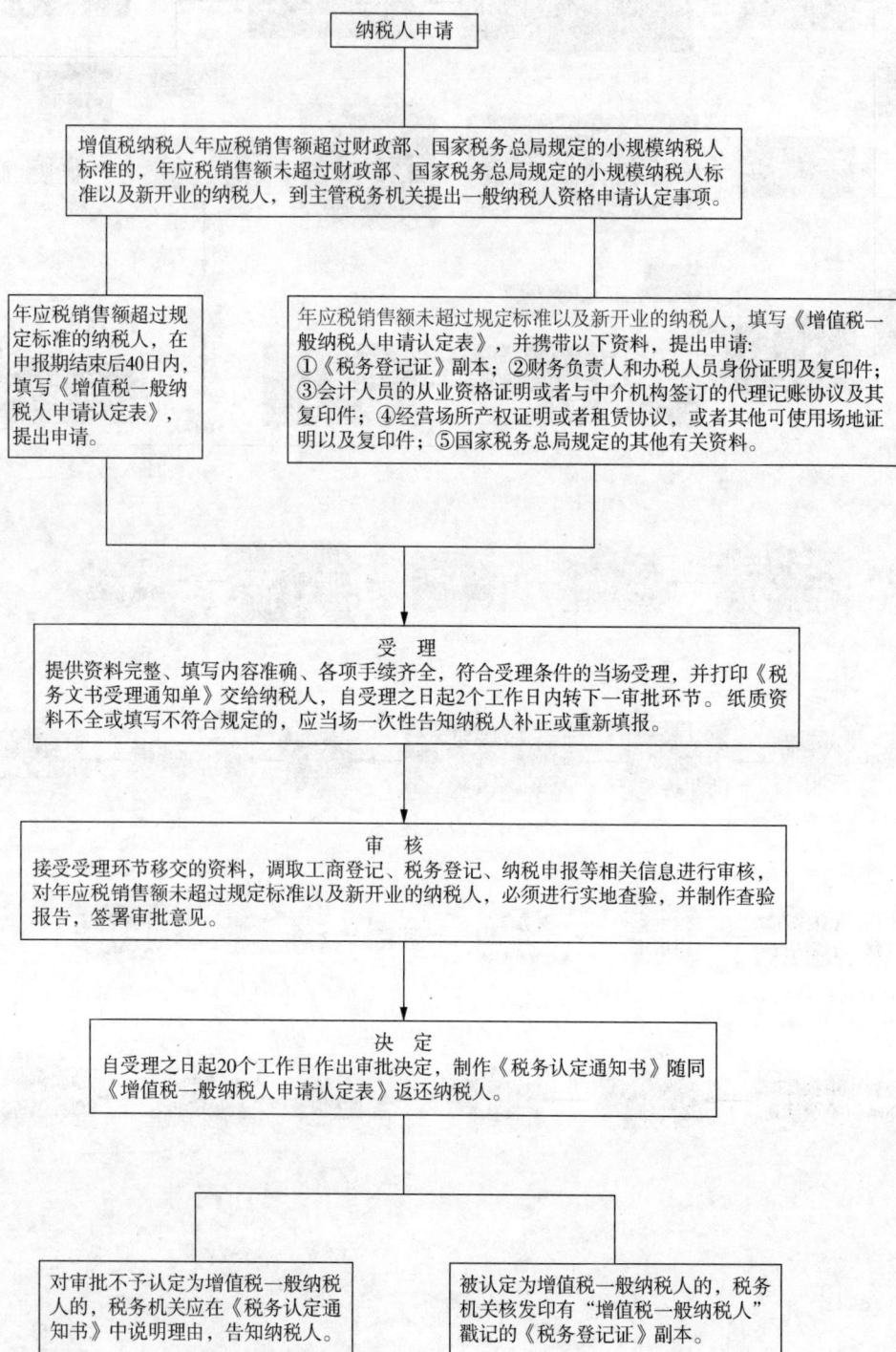

纳税人申请

增值税纳税人年应税销售额超过财政部、国家税务总局规定的小规模纳税人标准的，年应税销售额未超过财政部、国家税务总局规定的小规模纳税人标准以及新开业的纳税人，到主管税务机关提出一般纳税人资格申请认定事项。

年应税销售额超过规定标准的纳税人，在申报期结束后40日内，填写《增值税一般纳税人申请认定表》，提出申请。

年应税销售额未超过规定标准以及新开业的纳税人，填写《增值税一般纳税人申请认定表》，并携带以下资料，提出申请：①《税务登记证》副本；②财务负责人和办税人员身份证明及复印件；③会计人员的从业资格证明或者与中介机构签订的代理记账协议及其复印件；④经营场所产权证明或者租赁协议，或者其他可使用场地证明以及复印件；⑤国家税务总局规定的其他有关资料。

受　理

提供资料完整、填写内容准确、各项手续齐全，符合受理条件的当场受理，并打印《税务文书受理通知单》交给纳税人，自受理之日起2个工作日内转下一审批环节。纸质资料不全或填写不符合规定的，应当场一次性告知纳税人补正或重新填报。

审　核

接受受理环节移交的资料，调取工商登记、税务登记、纳税申报等相关信息进行审核，对年应税销售额未超过规定标准以及新开业的纳税人，必须进行实地查验，并制作查验报告，签署审批意见。

决　定

自受理之日起20个工作日作出审批决定，制作《税务认定通知书》随同《增值税一般纳税人申请认定表》返还纳税人。

对审批不予认定为增值税一般纳税人的，税务机关应在《税务认定通知书》中说明理由，告知纳税人。

被认定为增值税一般纳税人的，税务机关核发印有“增值税一般纳税人”戳记的《税务登记证》副本。

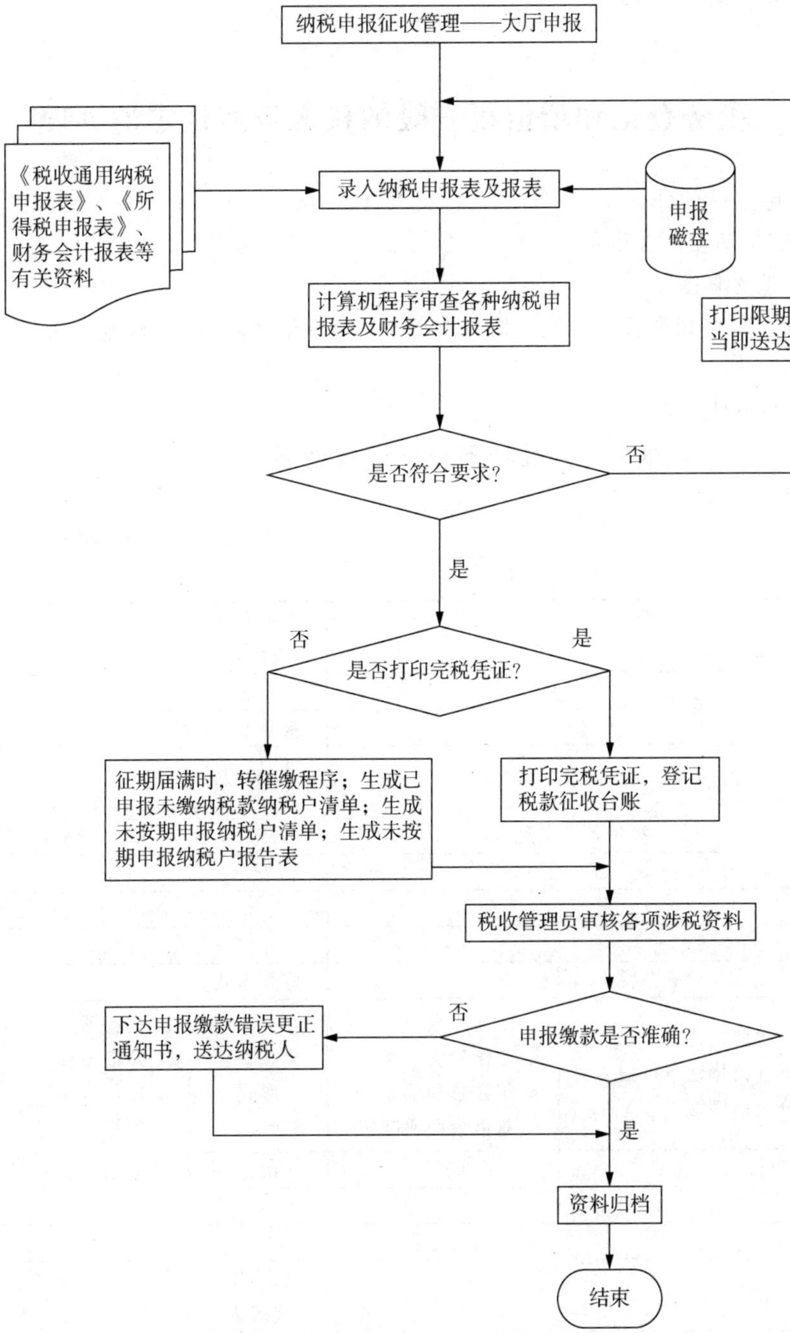
纳税申报征收管理——大厅申报
《税收通用纳税申报表》、《所得税申报表》、财务会计报表等有关资料
录入纳税申报表及报表
申报磁盘
计算机程序审查各种纳税申报表及财务会计报表
打印限期补正通知书，当即送达纳税人
否
是否符合要求？
是
否
是
是否打印完税凭证？
征期届满时，转催缴程序；生成已申报未缴纳税款纳税户清单；生成未按期申报纳税户清单；生成未按期申报纳税户报告表
打印完税凭证，登记税款征收台账
税收管理员审核各项涉税资料
否
下达申报缴款错误更正通知书，送达纳税人
申报缴款是否准确？
是
资料归档
结束

五、税务岗位技能训练

任务一　税务登记和增值税一般纳税人资格认定的办理

实训资料：见第一部分

步骤 1：提交申请及相关资料

（1）资料整理及准备

A. 营业执照 B. 公司章程、合同、协议书等 C. 银行账号证明 D. 法定代表人身份证明

（2）提交书面申请（表 5）

表 5　办理税务登记证申请表

申办人名称：________

申办人（公章）　　　　　　　　　　　　法定代表人或业主（私章）

申请日期：　年　月　日

<table>
<tr><td colspan="2">纳税人名称</td><td colspan="5"></td><td>联系电话或传呼</td><td colspan="2"></td></tr>
<tr><td colspan="2">主管单位</td><td colspan="5"></td><td>行业</td><td colspan="2"></td></tr>
<tr><td colspan="2">经营场所</td><td colspan="5"></td><td>从业人数</td><td colspan="2"></td></tr>
<tr><td colspan="2">所在市场</td><td colspan="5"></td><td>登记注册类型</td><td colspan="2"></td></tr>
<tr><td colspan="2" rowspan="4">投资总额（　）万元</td><td colspan="5">投资各方名称</td><td colspan="2">投资金额</td><td>投资比例</td></tr>
<tr><td colspan="5"></td><td colspan="2"></td><td></td></tr>
<tr><td colspan="5"></td><td colspan="2"></td><td></td></tr>
<tr><td colspan="5"></td><td colspan="2"></td><td></td></tr>
<tr><td colspan="2">财务负责人</td><td></td><td colspan="2">办税人员</td><td colspan="2"></td><td>核算形式</td><td colspan="2"></td></tr>
<tr><td colspan="2">低值易耗品摊销办法</td><td>1. 一次摊销法
2. 五五摊销法
3. 分次摊销法</td><td colspan="2">折旧方式</td><td colspan="2">1. 平均年限法
2. 工作量法
3. 年数总和法
4. 双倍余额递减法</td><td>预算管理形式</td><td colspan="2">1. 全额预算
2. 差额预算
3. 自收自支
4. 预算外</td></tr>
<tr><td colspan="5">开户银行</td><td colspan="2">账号</td><td>币种</td><td colspan="2">是否缴税账号</td></tr>
<tr><td colspan="5"></td><td colspan="2"></td><td></td><td colspan="2"></td></tr>
<tr><td colspan="2">E-mail 地址</td><td colspan="8"></td></tr>
<tr><td rowspan="3">总机构情况</td><td>企业名称</td><td colspan="5"></td><td>法定代表人</td><td colspan="2"></td></tr>
<tr><td>注册地址</td><td colspan="5"></td><td>登记注册类型</td><td colspan="2"></td></tr>
<tr><td>资本</td><td colspan="2"></td><td colspan="2">税务登记号</td><td></td><td>主管税务机关</td><td colspan="2"></td></tr>
</table>

续表

以下由受理登记税务机关填写			
税务登记代码	副本份数	发证日期	户管单位
税务登记经办人 （签章） 日期			

步骤 2：填制税务登记表（表 6）

表 6 税务登记表

（适用于单位纳税人）

纳税人名称＿＿＿＿＿＿＿＿＿＿＿＿＿＿＿＿＿＿＿＿＿＿

纳税人识别号 □□□□□□□□□□□□□□□□□□□□

微机编码＿＿＿＿＿＿＿＿＿＿＿＿＿＿＿＿＿＿＿＿＿＿＿

国家税务总局监制

办理新设税务登记须知

一、从事生产、经营的纳税人应自领取营业执照之日起 30 日内或其他纳税人自纳税义务发生之日起 30 日内，到税务机关领取税务登记表，填写完整后提交税务机关，办理新设税务登记。

二、办理新设税务登记应出示、提供以下证件资料（所提供资料原件用于税务机关审核，复印件留存税务机关）：

1. 营业执照副本或其他核准执业证件原件及其复印件；

2. 公司名称核准通知书或公司设立登记申请书复印件；

3. 组织机构统一代码证书副本原件及其复印件；

4. 注册地址及生产、经营地址证明（产权证、租赁协议）原件及其复印件；如为自有房产，请提供产权证或买卖契约等合法的产权证明原件及其复印件；如为租赁的场所，请提供租赁协议原件及其复印件，出租人为自然人的还须提供产权证明的复印件；如生产、经营地址与注册地址不一致，请分别提供相应证明；

5. 公司章程复印件；

6. 有权机关出具的验资报告或评估报告原件及其复印件；

7. 法定代表人（负责人）居民身份证、护照或其他证明身份的合法证件原件及其复印件；复印件要求一式三份或四份，分别粘贴在税务登记表的相应位置上（属直管户的一式三份：其中二份地税机关留存，一份退回纳税人；属共管户的一式四份：其中一份送国税局、二份地税机关留存；一份送纳税人）。

8. 法定代表人（负责人）和财务负责人的近期免冠 1 寸照片三张或四张，分别粘贴在税务登记表的相应位置上。

9. 纳税人跨县（市）设立的分支机构办理税务登记时，还须提供总机构的税务登记证（国、地税）副本复印件；

10. 改组改制企业还须提供有关改组改制的批文原件及其复印件；

11. 税务机关要求提供的其他证件资料。

三、税务登记管理的有关法律、行政法规的规定

《中华人民共和国税收征收管理法》的规定：

第十五条规定“企业，企业在外地设立的分支机构和从事生产、经营的场所，个体工商户和从事生产、经营的事业单位（以下统称从事生产、经营的纳税人）自领取营业执照之日起三十日内，持有关证件，向税务机关申报办理税务登记。税务机关应当自收到申报之日起三十日内审核并发给税务登记证件。”

第十六条规定“从事生产、经营的纳税人，税务登记内容发生变化的，自工商行政管理机关办理变更登记之日起三十日内或者在向工商行政管理机关申请办理注销登记之前，持有关证件向税务机关申报办理变更或者注销税务登记。”

第十八条规定“纳税人按照国务院税务主管部门的规定使用税务登记证件。税务登记证件不得转借、涂改、损毁、买卖或者伪造。”

第六十条规定，纳税人未按照规定的期限申报办理税务登记、变更或者注销登记的，由税务机关责令限期改正，可以处二千元以下的罚款；情节严重的，处二千元以上一万元以下的罚款。

纳税人未按照规定使用税务登记证件，或者转借、涂改、损毁、买卖、伪造税务登记证件的，处二千元以上一万元以下的罚款；情节严重的，处一万元以上五万元以下的罚款。

《中华人民共和国税收征收管理法实施细则》的规定：

第十六条规定“纳税人在办理注销税务登记前，应当向税务机关结清应纳税款、滞纳金、罚款，缴销发票、税务登记证件和其他税务证件。”

第十九条 税务机关对税务登记证件实行定期验证和换证制度。纳税人应当在规定的期限内持有关证件到主管税务机关办理验证或者换证手续。

第二十条 纳税人应当将税务登记证件正本在其生产、经营场所或者办公场所公开悬挂，接受税务机关检查。纳税人遗失税务登记证件的，应当在15日内书面报告主管税务机关，并登报声明作废。

第九十条 纳税人未按照规定办理税务登记证件验证或者换证手续的，由税务机关责令限期改正，可以处2000元以下的罚款；情节严重的，处2000元以上1万元以下的罚款。

以下由纳税人填写

申请新设税务登记

　　　　税务局：

　　我单位于________年________月________日办理工商营业登记（发生纳税义务），地址______________________________，法定代表人（负责人）______________，注册资本________万元，主要经营______________________________，按照《中华人民共和国税收征收管理法》有关规定，特申请办理新设税务登记，请受理。

<table>
<tr><td colspan="3">请将法定代表人（负责人）
身份证或其他合法身份证件复印件粘贴此处</td></tr>
<tr><td colspan="3">法定代表人（负责人）：
姓名…………性别…………职务…………
年龄…………户籍地（国别）…………身份证件名称…………
联系电话…………
身份证件号码：□□□□□□□□□□□□□□□□□□</td></tr>
<tr><td colspan="3">财务负责人：
姓名…………性别…………年龄…………职务…………
联系电话…………
身份证件号码：□□□□□□□□□□□□□□□□□□</td></tr>
<tr><td colspan="3">办税人员：
姓名…………性别…………年龄…………职务…………
联系电话…………
身份证件号码：□□□□□□□□□□□□□□□□□□</td></tr>
<tr><td>经办人（签章）：

…………</td><td>法定代表人或负责人
（签章）：

…………</td><td>纳税人（公章）：

填表日期：……年……月……日</td></tr>
</table>

纳税人名称（中文）..电话..
纳税人名称（英文）..
办理税务登记地址..邮政编码□□□□□□
（单位注册地址）..邮政编码□□□□□□
登记注册类型..□□□
经营行业..□□
兼营..□□
....□□
....□□
核算方式..□□
01 独立核算　02 非独立核算
是否采用会计电算化系统核算..□□
01 不使用　02 使用统一的电算化系统　03 使用本单位开发的系统
适用财务制度..□□
房产性质..□□
01 自有　02 租赁
从业人数..其中外籍人员从业人数..

有关证照情况

工商营业执照或其他有关证照：
证照名称..注册号（编号）..
颁发机关..颁发日期..
开业（成立）日期..................经营期限......年......月......日至......年......月......日
注册资金（资本）..
实收资本..
筹资方式：..□□
01 国有独资　02 责任股份　03 发行股票　04 合作　05 合伙　06 其他
单位性质：..□□
01 企业　02 事业单位　03 社会团体　04 民办非企业单位　05 其他

全国组织机构统一代码证书：
证书类型..代码□□□□□□□□□
颁发机关..证号..

涉外企业设立合同批准机关	名　　称

资本投入情况					
是否国有控股		控股形式		控股比例	

中方投资总额	占总资本比例	外方投资总额	占总资本比例	协议出资日期

	投资方名称	纳税人识别号（身份证件号）	地址或国籍	投资额	投资币种	占总资本比例
中方前三位股东						
外方前三位股东						

分支机构情况				
境内分支机构数量	境外分支机构数量	分支机构总数	独立核算的分支机构数量	非独立核算的分支机构数量

分支机构名称	纳税人识别号	地　址	负责人	核算方式	业务范围

总机构情况						
	名　称				纳税人识别号	
	地　址		电话		邮　编	
	资本总额				法定代表人	
	经营范围					

附送件		
	1.	2.
	3.	4.
	5.	6.

以下由税务机关填写

<table>
<tr><td colspan="3">纳税方式：□□
01－独立纳税；02－汇总纳税；03－所得税汇总纳税，其他税种独立纳税；04－其他。</td></tr>
<tr><td colspan="3">经办税务机关审核意见（国家税务局）</td></tr>
<tr><td colspan="3">经办税务机关审核意见（地方税务局）</td></tr>
<tr><td>经办人（签章）：

国税经办人：
地税经办人：</td><td>国家税务登记机关
（税务登记专用章）：

核准日期：
年 月 日</td><td>地方税务登记机关
（税务登记专用章）：

核准日期：
年 月 日</td></tr>
<tr><td colspan="3">国税核发《税务登记证副本》数量： 本 发证日期： 年 月 日</td></tr>
<tr><td colspan="3">地税核发《税务登记证副本》数量： 本 发证日期： 年 月 日</td></tr>
<tr><td colspan="3"></td></tr>
</table>

填表说明

一、本表适用于表中登记注册类型所列的各类单位填用。

二、纳税人应向税务机关申报办理税务登记。完整、真实、准确、按时地填写此表，并承担相关法律责任。

三、使用碳素或蓝墨水的钢笔填写本表。

四、本表一式三份或四份，报经税务机关审核并予以登记后，属直管户的一式三份：其中二份地税机关留存，一份退回纳税人；属共管户的一式四份：其中一份送国税局，二份地税机关留存，一份送纳税人（纳税人应妥善保管，验换证时需携带查验）。

五、表中有关栏目的填写说明：

1. “纳税人名称”栏：指《企业法人营业执照》或《营业执照》或有关核准执业证书上的“名称”；

2. “身份证件名称”栏：一般填写“居民身份证”，如无身份证，则填写“军官证”、“士兵证”、“护照”有效身份证件等；

3. “办理税务登记地址”栏：填办理税务登记的机构所在地地址。

4. “单位注册地址”栏：指工商营业执照或其他有关核准开业证照上的地址，当与办理税务登记地址不一致时填写。如果一致，此栏可不填。

5. “登记注册类型”栏：即经济类型，指《企业法人营业执照》上的“企业类型”或《营业执照》上的“经济性质”；不需要领取工商执照的，选择“其他企业”；如为分支机构，按总机构的企业类型填写；

分类标准：

110 国有企业	120 集体企业	130 股份合作企业
141 国有联营企业	142 集体联营企业	143 国有与集体联营企业
149 其他联营企业	151 国有独资公司	159 其他有限责任公司
160 股份有限公司	171 私营独资企业	172 私营合伙企业
173 私营有限责任公司	174 私营股份有限公司	190 其他企业

210 合资经营企业（港或澳、台资）	220 合作经营企业（港或澳、台资）
230 港、澳、台商独资经营企业	240 港、澳、台商独资股份有限公司
310 中外合资经营企业	320 中外合作经营企业
330 外资企业	340 外商投资股份有限公司
410 港、澳、台商企业常驻代表机构	420 其他港、澳、台商企业
510 外国企业常驻代表机构	520 其他外国企业

6. 经营行业：按照国民经济行业分类标准（GB/T4754－2002）代码填写。除主营业务外，如果有兼营项目，按照相应的代码填写。

A—农、林、牧、渔业

01—农业　02—林业　03—畜牧业　04—渔业　05—农、林、牧、渔服务业

B—采矿业

06—煤炭开采和洗选业	07—石油和天然气开采业
08—黑色金属矿采选业	09—有色金属矿采选业
10—非金属矿采选业	11—其他采矿业

C—制造业

13—农副食品加工业	14—食品制造业
15—饮料制造业	16—烟草制品业

17—纺织业
18—纺织服装、鞋、帽制造业
19—皮革、毛皮、羽毛（绒）及其制品业
20—木材加工及木、竹、藤、棕、草制品业
21—家具制造业
22—造纸及纸制品业
23—印刷业和记录媒介的复制
24—文教体育用品制造业
25—石油加工、炼焦及核燃料加工业
26—化学原料及化学制品制造业
27—医药制造业
28—化学纤维制造业
29—橡胶制品业
30—塑料制品业
31—非金属矿物制品业
32—黑色金属冶炼及压延加工业
33—有色金属冶炼及压延加工业
34—金属制品业
35—普通机械制造业
36—专用设备制造业
37—交通运输设备制造业
39—电气机械及器材制造业
40—通信设备、计算机及其他电子设备制造业
41—仪器仪表及文化、办公用机械制造业
42—工艺品及其他制造业
43—废弃资源和废旧材料回收加工业

D—电力、燃气及水的生产和供应业

44—电力、燃气及水的生产和供应业
45—燃气生产和供应业
46—水的生产和供应业

E—建筑业

47—房屋和土木工程建筑业
48—建筑安装业
49—建筑装饰业
50—其他建筑业

F—交通运输、仓储和邮政业

51—铁路运输业
52—道路运输业
53—城市公共交通业
54—水上运输业
55—航空运输业
56—管道运输业
57—装卸搬运及其他运输服务业
58—仓储业
59—邮政业

G—信息传输、计算机服务和软件业

60—电信和其他信息传输服务业
61—计算机服务业
62—软件业

H—批发和零售业 63—批发业 65—零售业

I—住宿和餐饮业 66—住宿业 67—餐饮业

J—金融业 68—银行业 69—证券业 70—保险业 71—其他金融活动

K—房地产业　72—房地产业

L—租赁和商务服务业　73—租赁业　74—商务服务业

M—科学研究、技术服务和地质勘查业

75—研究与试验发展　276—专业技术服务业

77—科技交流和推广服务业　78—地质勘查业

N—水利、环境和公共设施管理业

79—水利管理业　80—环境管理业　81—公共设施管理业

O—居民服务和其他服务业　82—居民服务业　83—其他服务业

P—教育　84—教育

Q—卫生、社会保障和社会福利业　85—卫生　86—社会保障业

87—社会福利业

R—文化、体育和娱乐业

88—新闻出版业　89—广播、电视、电影和音像业

90—文化艺术业　91—体育　92—娱乐业

S—公共管理与社会组织

93—中国共产党机关　94—国家机构

95—人民政协和民主党派　96—群众社团、社会团体和宗教组织

97—基层群众自治组织

T—国际组织　98—国际组织

7. 适用财务制度：

01—工业企业财务制度　02—商品流通企业财务制度

03—施工房地产开发企业财务制度　04—旅游、饮食、服务企业财务制度

05—交通运输企业财务制度　06—邮电通信企业财务制度

07—金融保险业财务制度　08—对外经济合作企业财务制度

09—农业企业财务制度　10—电影、新闻企业财务制度

20—小企业会计制度　11—其他

8. “控股形式”栏，指绝对控股或相对控股或协议控股。

步骤 3：领取税务登记证件

纳税人名称	工商执照标注的名称	纳税人识别号	身份证号码
登记注册类型	请选择对应项目打“√”　□个体工商户　□个人合伙		
开业（设立）日期	工商执照标注的成立日期	批准设立机关	

生产经营期限	工商执照标注的营业期限	证照名称	个体营业执照	证照号码	执照号码
注册地址	工商执照注册地址	邮政编码	111111	联系电话	11111111
生产经营地址	实际经营地址	邮政编码	111111	联系电话	11111111
合伙人数	据实填写	雇工人数	据实填写	其中固定工人数	
网站网址		国标行业	□□□□□□□□□见填表说明		
业主姓名	国籍或户籍地	固定电话		移动电话	电子邮箱
工商执照标注名称	身份证地址	11111111		11111111	
身份证件名称	身份证	证件号码		身份证号码	
经营范围 依据工商执照标注的经营范围填写		法人身份证明复印件 （正面）			

	分店名称	纳税人识别号	地址	电话
分店情况	有分店据实填写			

	合伙人姓名	国籍或地址	身份证件名称	身份证件号码	投资金额（万元）	投资比例	分配比例
合伙人投资情况		据实填写					

	代扣代缴、代收代缴税款业务内容	代扣代缴、代收代缴税种
代扣代缴代收代缴税款业务情况		

<table>
<tr><td colspan="2">附报资料
营业执照复印件、租赁合同复印件等</td></tr>
<tr><td>经办人签章：某某某

2019 年 6 月 31 日</td><td>业主签章：某某某

2019 年 6 月 31 日</td></tr>
</table>

以下由税务机关填写：

<table>
<tr><td>纳税人所处街乡</td><td colspan="3"></td><td>隶属关系</td><td></td></tr>
<tr><td>国税主管税务局</td><td></td><td>国税主管税务所（科）</td><td></td><td rowspan="2">是否属于国税、地税共管户</td><td></td></tr>
<tr><td>地税主管税务局</td><td></td><td>地税主管税务所（科）</td><td></td><td></td></tr>
<tr><td colspan="2">经办人（签章）：
国税经办人：
地税经办人：

受理日期：
年 月 日</td><td colspan="2">国家税务登记机关
（税务登记专用章）：

核准日期：
年 月 日
国税主管税务机关：</td><td colspan="2">地方税务登记机关
（税务登记专用章）：

核准日期：
年 月 日
地税主管税务机关：</td></tr>
<tr><td colspan="6">国税核发《税务登记证副本》数量： 本 发证日期： 年 月 日</td></tr>
<tr><td colspan="6">地税核发《税务登记证副本》数量： 本 发证日期： 年 月 日</td></tr>
</table>

国家税务总局监制

任务二：增值税计算、申报与缴纳

要求：分组训练：该任务，把同学进行分组，每组5人，轮流完成实训资料中规定的技能操作

实训资料（本部分只附增值税发票，其他票据略）

公司属增值税一般纳税人，企业生产甲、乙两种产品，需要用A、B两种原材料。

2019年6月份发生下列经济业务：

（1）6月6日，购进B材料一批，增值税专用发票上注明的销售额1880000元，税率13%，税额244 400.00元；收到一张商业汇票，货已入库；

重庆市增值税专用发票 №00000968

发 票 联

校验码： 开票日期： 2019年 6月 6日

购货单位	名 称	安顺市黄果树新创公司	密码区
	纳税人识别号	603001112295	
	地址、电话	黄果树城南路188号 0853 － 3765606	
	开户行及账号	工商银行黄果树支行 583-803366	

货物或应税劳务名称	单位	数量	单价	金额 千	百	十	万	千	百	十	元	角	分	税率 %	金额 百	十	万	千	百	十	元	角	分
B材料	千克	75200	25		1	8	8	0	0	0	0	0	0	13		2	4	4	4	0	0	0	0
合 计				¥	1	8	8	0	0	0	0	0	0		¥	2	4	4	4	0	0	0	0

价税合计（大写）	贰佰壹拾贰万肆仟肆佰元整 （小写）¥ 2124 400.00		
销货单位	名 称	重庆鑫宏公司	备注
	纳税人识别号	37001778511	
	地址、电话		
	开户行及账号	工商银行重庆市支行沙平坝办事处 57085	

收款人：张江 复核：王三 开票人： 陈红 销货单位：（章）

第一联：发票联 购买方核算采购成本和增值税进项税额的记账凭证

（2）6月9日，购进B材料一批，增值税专用发票上注明的销售额190，000元，税额24700元；运费3000元，货款已付，货已入库；

湖南省增值税专用发票　　No02308505

发 票 联

校验码：　　　　开票日期：　2019 年 6 月 9 日

购货单位	名　称	安顺市黄果树新创公司		密码区	
	纳税人识别号	603001112295			
	地址、电话	黄果树市城南路 188 号 0195 — 3765606			
	开户行及账号	工商银行黄果树支行 583-803366			

货物或应税劳务名称	单位	数量	单价	金额 千	百	十	万	千	百	十	元	角	分	税率 %	税额 百	十	万	千	百	十	元	角	分
A 材料	千克	10000	19			1	9	0	0	0	0	0	0	13			2	4	7	0	0	0	0
合　计					¥	1	9	0	0	0	0	0	0			¥	2	4	7	0	0	0	0
价税合计（大写）	贰拾壹万肆仟柒佰元整　（小写）¥214 700.00																						

销货单位	名　称	湖南黄河公司	备注	
	纳税人识别号	37001778511		
	地址、电话	长沙市洞庭湖路 185 号		
	开户行及账号	工商银行长沙市支行洞庭湖路办事处 454-450355		

收款人：张江　　复核：王三　　开票人：　陈红　　销货单位：（章）

第一联：发票联　购买方核算采购成本和增值税进项税额的记账凭证

货物运输业统一发票

发 票 联

发票号码 00000000

开票日期：2019-6-5

机打代码 机打号码 机器编号					税控码			
收货人及纳税人识别码	安顺市黄果树新创公司 603001112295				承运人及纳税人识别码			
发货人及纳税人识别码	湖南黄河公司 57001778556				主管税务机关及代码			
运输项目及金额	货物名称	数量	运价	里程	金额（元）	其他项目及金额	项目	金额（元）	备注
	B 材料	10 000 千克			3000.00		保险费 使用费		
运费小计	¥3000.00					其他费用小计			
合计（大写）	叁仟元整					（小写）¥3000.00			

承运人盖章：　　　　开票人：王大同

第一联　发票联　付款方记账凭证

（3）6 月 14 日，在本地贵开公司购进材料，材料已验收入库，款项已付

贵州省增值税专用发票　　No08305509

发 票 联

校验码：　　　　开票日期：　2019 年　6　月 14　日

购货单位	名　称	安顺市黄果树新创公司	密码区
	纳税人识别号	603001112295	
	地址、电话	黄果树城南路 188 号 0853 － 3765606	
	开户行及账号	安顺工商银行黄果树支行 583-803366	

货物或应税劳务名称	单位	数量	单价	金额 千	百	十	万	千	百	十	元	角	分	税率 %	金额 百	十	万	千	百	十	元	角	分
A 材料	千克	4000	19				7	6	0	0	0	0	0	13				9	8	8	0	0	0
B 材料	千克	3500	24				8	4	0	0	0	0	0	13			1	0	9	2	0	0	0
合　计					¥	1	6	0	0	0	0	0	0			¥	2	0	8	0	0	0	0

价税合计（大写）	壹拾捌万零捌佰元整　（小写）¥180 800.00		
销货单位	名　称	安顺贵开股份有限公司	备注
	纳税人识别号	603005118357	
	地址、电话	黄果树华东路 88 号 0195 － 37656898	
	开户行及账号	安顺工商银行黄果树华东办事处 3705	

收款人：　张江　　　复核：王三　　　开票人：　陈红　　　销货单位：（章）

第一联：发票联　购买方核算采购成本和增值税进项税额的记账凭证

（4）6 月 18 日，购进职工福利用品一批，增值税专用发票上注明的销售额 38000 元，税额 4940 元，货款已付，货已入库；

贵州省增值税专用发票　　No08305893

发 票 联

校验码：　　　　开票日期：　2019 年 6　月 17　日

购货单位	名　称	安顺市黄果树新创公司	密码区
	纳税人识别号	603001112295	
	地址、电话	黄果树城南路 188 号 0853 － 3765606	
	开户行及账号	安 顺 工 商 银 行 黄 果 树 支 行 583-803366	

货物或应税劳务名称	单位	数量	单价	金额 千	百	十	万	千	百	十	元	角	分	税率 %	金额 百	十	万	千	百	十	元	角	分
电脑	台	20	1900				3	8	0	0	0	0	0	13				4	9	4	0	0	0
合　计						¥	3	8	0	0	0	0	0				¥	4	9	4	0	0	0

价税合计（大写）	肆万贰仟玖佰肆拾元整　（小写）¥42940.00		
销货单位	名　称	安顺百通电脑科技有限公司	备注
	纳税人识别号	603005113459	
	地址、电话	黄果树龙宫路 78 号　0853 － 3765674	
	开户行及账号	安顺工商银行黄果树华东办事处 583-653705	

复核：王三　　　开票人：　陈红　　　销货单位：（章）

第一联：发票联　购买方核算采购成本和增值税进项税额的记账凭证

验收：　林 祥　　　保管：　王海珍　　　记账：

（5）6 月 12 日，企业被盗丢失 A 材料 50 公斤，价款 950 元，该批钢材的进项税额 161.5 元（购进时税率为 17%）；

存货盘点盈亏报告表（3）

单位名称：黄果树新创公司　　　　2019 年 6 月 31 日

名称	规格型号	计量单位	单价	账存		实存		账实对比				备注
								盘盈		盘亏		
				数量	金额	数量	金额	数量	金额	数量	金额	
A 材料		千克		7480		74350				50	950	单位成本按月初结存计算

分析原因：	审批意见：上述盘亏，由于无法查明原因，公司决定计入管理费用。 主管部门：赵红艳

（6）6 月 20 日，销售给关岭宏发贸易公司甲产品 2500 件，单价 120 元/件，共计金额 300，000 元（不含增值税），增值税专用发票注明的税额为 39，000 元，乙产品 2800 千克，单价 135 元/公斤，货款尚未收到；并以银行存款支付销售运费金额 800 元，已取得运输企业为安顺市黄果树新创公司开具的运输发票。

贵州省增值税专用发票

No08905862

发票联

校验码：　　　　开票日期：　2019 年 6 月 20 日

购货单位		密码区
名称	关岭宏发贸易公司	
纳税人识别号	310422200341176	
地址、电话	关岭县天河路 15 号	
开户行及账号	关岭县支行工行北山分理处　30268-32	

货物或应税劳务名称	单位	数量	单价	金额 千	百	十	万	千	百	十	元	角	分	税率 %	税额 百	十	万	千	百	十	元	角	分
甲产品	件	2500	120			3	0	0	0	0	0	0	0	13			3	9	0	0	0	0	0
乙产品	千克	2800	135			3	7	8	0	0	0	0	0	13			4	9	1	4	0	0	0
合计					¥	6	7	8	0	0	0	0	0			¥	8	8	1	4	0	0	0

价税合计（大写）	柒拾陆万陆仟壹佰肆拾元整　（小写）¥766 140.00	
销货单位 名称	安顺市黄果树新创公司	备注
纳税人识别号	603001112295	
地址、电话	黄果树城南路 188 号 0853—3765606	
开户行及账号	安顺工商银行黄果树支行 583-803366	

收款人：陈婷　　复核：曲长　　开票人：张轩　　销货单位：（章）

第二联：记账联　销售方核算增值税销项税额的记账凭证

（7）6 月 28 日，销售给都匀宏宇公司乙产品 1500 千克，单价 120 元/公斤，货款尚未收到。

贵州省增值税专用发票

No08905862

发 票 联

校验码：　　　　开票日期：　2019 年 6 月 28 日

购货单位			密码区
	名　称	都匀宏宇公司	
	纳税人识别号	803001112275	
	地址、电话	都匀桥头堡 125 号	
	开户行及账号	都匀桥头堡办事处　0325-789523	

货物或应税劳务名称	单位	数量	单价	金额 千	百	十	万	千	百	十	元	角	分	税率 %	税额 百	十	万	千	百	十	元	角	分
乙产品	件	1500	120			1	8	0	0	0	0	0	0	13			2	3	4	0	0	0	0
合　计					¥	1	8	0	0	0	0	0	0			¥	2	3	4	0	0	0	0

5 税合计（大写）　贰拾万零叁仟肆佰元整　（小写）¥203 400.00

销货单位			备注
	名　称	安顺市黄果树新创公司	
	纳税人识别号	603001112295	
	地址、电话	黄果树城南路 188 号 0853 － 3765606	
	开户行及账号	安顺工商银行黄果树支行　583-803366	

收款人：　　　复核：陈婷　　　开票人：　张轩　　　销货单位：（章）

第二联：记账联　销售方核算增值税销项税额的记账凭证

增值税发票登记簿

序号	开票日期	受票方名称	受票方税号	发票类别	发票代码	发票号码	金额	税额	取票人及日期（取票方式）

安顺市黄果树新创公司6月份未交增值税计算表

单位：元

产品名称	销项税额	进项税额转出	进项税额	应交增值税额

增值税纳税申报表(一般纳税人适用)

根据国家税收法律法规及增值税相关规定制定本表。纳税人不论有无销售额，均应按税务机关核定的纳税期限填写本表，并向当地税务机关申报。

税款所属期间：　　至　　填表日期：

金额单位：元至角分

纳税人识别号：				所属行业：			
				注册地址：			
				登记注册类型：		电话号码：	

	项目	栏次	一般项目 本月数	一般项目 本年累计	即征即退项目 本月数	即征即退项目 本年累计
销售额	（一）按适用税率计税销售额	1				
	其中：应税货物销售额	2				
	应税劳务销售额	3				
	纳税检查调整的销售额	4				
	（二）按简易办法计税销售额	5				
	其中：纳税检查调整的销售额	6				
	（三）免、抵、退办法出口销售额	7			—	—
	（四）免税销售额	8			—	—
	其中：免税货物销售额	9			—	—
	免税劳务销售额	10			—	—
税款计算	销项税额	11				
	进项税额	12				
	上期留抵税额	13				—
	进项税额转出	14				
	免、抵、退应退税额	15			—	—
	按适用税率计算的纳税检查应补缴税额	16			—	—
	应抵扣税额合计	17		—		—
	实际抵扣税额	18				
	应纳税额	19				
	期末留抵税额	20				—
	简易计税办法计算的应纳税额	21				
	按简易计税办法计算的纳税检查应补缴税额	22			—	—
	应纳税额减征额	23				
	应纳税额合计	24				
	期初未缴税额（多缴为负数）	25				

增值税纳税申报表附列资料（一）（本期销售情况明细）

纳税人名称(公章)： 税款所属期间： 至 纳税人识别号：

填表日期： 金额单位：元至角分

项目及栏次			开具增值税专用发票		开具其他发票		未开具发票		纳税检查调整		合计			服务、不动产和无形资产扣除项目	扣除后	
			销售额	销项(应纳)税额	销售额	销项(应纳)税额	销售额	销项(应纳)税额	销售额	销项(应纳)税额	销售额	销项(应纳)税额	价税合计	本期实际扣除金额	含税(免税)销售额	销项(应纳)税额
			1	2	3	4	5	6	7	8	9=1+3+5+7	10=2+4+6+8	11=9+10	12	13=11-12	14=13÷(100%+税率或征收率)×税率或征收率
一、计税方法计税	全部项目	13%税率的货物及加工修理修配劳务											—	—	—	—
		13%税率的服务、不动产和无形资产														
		9%税率的货物及加工修理修配劳务											—	—	—	—
		9%税率的服务、不动产和无形资产														
		6%税率														
	其中：即征即退项目	即征即退货物及加工修理修配劳务	—	—	—	—	—	—	—	—			—	—	—	—
		即征即退服务、不动产和无形资产	—	—	—	—	—	—	—	—						
二、简易计税方法	全部征税项目	6%征收率							—	—			—	—	—	—
		5%征收率的货物及加工修理修配劳务							—	—			—	—	—	—
		5%征收率的服务、不动产和无形资产							—	—						
		4%征收率							—	—			—	—	—	—
		3%征收率的货物及加工修理修配劳务							—	—			—	—	—	—
		3%征收率的服务、不动产和无形资产							—	—						
		预征率							—	—						
		预征率							—	—						
		预征率							—	—						
	其中：即征即退项目	即征即退货物及加工修理修配劳务	—	—	—	—	—	—	—	—			—	—	—	—
		即征即退服务、不动产和无形资产	—	—	—	—	—	—	—	—						
三、免抵退税		货物及加工修理修配劳务	—	—		—		—	—	—		—	—	—	—	—
		服务、不动产和无形资产	—	—		—		—	—	—		—				—
四、免税		货物及加工修理修配劳务				—		—	—	—		—	—	—	—	—
		服务、不动产和无形资产	—	—		—		—	—	—		—				—

增值税纳税申报表附列资料（表二）（本期进项税额明细）

税款所属期间：　　　至

纳税人识别号：

纳税人名称(公章)：

金额单位：元至角分

一、申报抵扣的进项税额				
项目	栏次	份数	金额	税额
（一）认证相符的增值税专用发票	1=2+3			
其中：本期认证相符且本期申报抵扣	2			
前期认证相符且本期申报抵扣	3			
（二）其他扣税凭证	4=5+6+7+8			
其中：海关进口增值税专用缴款书	5			
农产品收购发票或者销售发票	6			
代扣代缴税收缴款凭证	7		—	
加计扣除农产品进项税额	8a	—	—	
其他	8b			
（三）本期用于购建不动产的扣税凭证	9			
（四）本期不动产允许抵扣进项税额	10	—	—	
（五）外贸企业进项税额抵扣证明	11	—	—	
当期申报抵扣进项税额合计	12=1+4-9+10+11			

二、进项税额转出额		
项目	栏次	税额
本期进项税额转出额	13=14至23之和	
其中：免税项目用	14	
集体福利、个人消费	15	
非正常损失	16	
简易计税方法征税项目用	17	
免抵退税办法不得抵扣的进项税额	18	
纳税检查调减进项税额	19	
红字专用发票信息表注明的进项税额	20	
上期留抵税额抵减欠税	21	
上期留抵税额退税	22	
其他应作进项税额转出的情形	23	

三、待抵扣进项税额				
项目	栏次	份数	金额	税额
（一）认证相符的增值税专用发票	24	—	—	—
期初已认证相符但未申报抵扣	25			
本期认证相符且本期未申报抵扣	26			
期末已认证相符但未申报抵扣	27			
其中：按照税法规定不允许抵扣	28			
（二）其他扣税凭证	29=30至33之和			
其中：海关进口增值税专用缴款书	30			
农产品收购发票或者销售发票	31			
代扣代缴税收缴款凭证	32		—	
其他	33			
	34	—	—	—

四、其他				
项目	栏次	份数	金额	税额
本期认证相符的增值税专用发票	35			
代扣代缴税额	36	—	—	

增值税纳税申报表附列资料（三）

（服务、不动产和无形资产扣除项目明细）

税款所属时间：　　　　至

纳税人名称(公章)：

金额单位：元至角分

项目及栏次		本期服务、不动产和无形资产价税合计额（免税销售额）	服务、不动产和无形资产扣除项目				
			期初余额	本期发生额	本期应扣除金额	本期实际扣除金额	期末余额
		1	2	3	4=2+3	5(5≤1且5≤4)	6=4-5
10%税率的项目	1						
9%税率的项目	2						
6%税率的项目（不含金融商品转让）	3						
6%税率的金融商品转让项目	4						
5%征收率的项目	5						
3%征收率的项目	6						
免抵退税的项目	7						
免税的项目	8						

增值税纳税申报表附列资料（四）

（税额抵减情况表）

税款所属时间：　　　　至

纳税人名称(公章)：

金额单位：元至角分

一、税额抵减情况						
序号	抵减项目	期初余额	本期发生额	本期应抵减税额	本期实际抵减税额	期末余额
		1	2	3=1+2	4≤3	5=3-4
	增值税税控系统专用设备费及技术维护费					
	分支机构预征缴纳税款					
	建筑服务预征缴纳税款					
	销售不动产预征缴纳税款					
	出租不动产预征缴纳税款					

二、加计抵减情况							
序号	抵减项目	期初余额	本期发生额	本期调减额	本期可抵减额	本期实际抵减额	期末余额
		1	2	3	4=1+2-3	5	6=4-5
	一般项目加计抵减额计算						
	即征即退项目加计抵减额计算						
	合计						

增值税纳税申报表附列资料（五）（不动产分期抵扣计算表）

税款所属时间：　　　　　　　　至

纳税人名称(公章)：　　　　　　　　　　　　　　　　　　　　　　　　　　　　金额单位：元至角分

期初待抵扣不动产进项税额	本期不动产进项税额增加额	本期可抵扣不动产进项税额	本期转入的待抵扣不动产进项税额	本期转出的待抵扣不动产进项税额	期末待抵扣不动产进项税额
1	2	3≤1+2+4	4	5≤1+4	6=1+2-3+4-5

增值税运输发票抵扣清单

纳税人名称：　　　　　　　　　　　　　　　　　　　　　　纳税人识别号：

金额单位：元至角分

序号	发票种类		发票号码	开票日期	运输单位名称	运输单位纳税人识别号	运输单位主管地方税务局名称	运输单位主管地方税务局代码	运费金额	允许计算抵扣的运费金额	计算抵扣的进项税额
一	铁路运输		—	—	—	—	--	—			
二	航空运输		—	—	—	—	--	—			
三	管道运输		—	—	—	—	--	—			
四	海洋运输		—	—	—	—	--	—			
五	公路运输										
		小计	—	—	—	—	--	—			
六	内河运输										
		小计	—	—		—	--	—			
	合计		—	—	—	—	--	—			

任务二：城建税、教育费附加计算与申报

城市维护建设税　教育费附加　地方教育附加申报表

税款所属期限：自　　至　　　　填表日期：　　　　金额单位：元至角分

纳税人识别号：　　　　税务机关：

纳税人信息	名称		登记注册类型	
	登记注册类型	所属行业	身份证件类型	
	身份证件号码		联系方式	

征收项目	征收品目	计税（费）依据					税率（征收率）	本期应纳税（费）额	本期减免税（费）额		[illegible]		□是 □否	本期已缴税（费）额	本期应补（退）税（费）额
		增值税		消费税	营业税	合计			减免性质代码	减免额	减免性质代码	减征比例	[illegible]		
		一般增值税	免抵税额												
		1	2	3	4		6		8	9	10	11		13	
合计		—					—		—		—	—			

以下由纳税人填写：					
纳税人声明	[illegible]				
经办人		经办人身份证号码		代理机构统一社会信用代码	代理机构
以下由税务机关填写：					
受理人		受理日期		受理税务机关签章	
[illegible]					

依次增加需要申报的附加税税种在空白栏

任务三：企业所得税税额计算及申报

2019 年 6 月发生下列经济业务：

1. 销售（营业）收入 548760 元；
2. 投资收益 14000 元；
3. 投资转让净收入 60000 元；
4. 其他收入 23000 元；
5. 销售（营业）成本 84300 元；
6. 主营业务税金及附加 174628 元；
7. 期间费用 11200 元；
8. 投资转让成本 6000 元；
9. 其他扣除项目 7400 元；
10. 纳税调整增加额 6500 元；
11. 纳税调整减少额 5322 元；
12. 免税所得 3030 元；
13. 应补税投资收益已缴所得税额 120000 元；
14. 允许扣除的公益救济性捐赠额 10000 元；
15. 加计扣除额 3200 元；
16. 减免所得税额 53200 元；
17. 本期累计实际已预缴的所得税额 30000 元。

要求：根据上述资料，填写企业所得税年度纳税申报表

中华人民共和国企业所得税月（季）度预缴纳税申报表（A类）

税款所属期间：　　　　　至

纳税人识别号（统一社会信用代码）：

纳税人名称：

金额单位：人民币元（列至角分）

预缴方式	□按照实际利润额预缴　□按照上一纳税年度应纳税所得额平均额预缴　□按照税务机关确定的其他方法预缴	
企业类型	□一般企业　□跨地区经营汇总纳税企业总机构　□跨地区经营汇总纳税企业分支机构	
跨省总机构行政区划		提示：总机构在外省的分支机构申报时，请先选择跨省总机构行政区划

行次	项　　　目		本年累计金额
	预缴税款计算		
1	营业收入		
2	营业成本		
3	利润总额		
4	加：特定业务计算的应纳税所得额		
5	减：不征税收入		
6	减：免税收入、减计收入、所得减免等优惠金额（填写A201010）		
7	减：固定资产加速折旧（扣除）调减额（填写A201020）		
8	减：弥补以前年度亏损		
9	实际利润额（3+4-5-6-7-8）\ 按照上一纳税年度应纳税所得额平均额确定的应纳税所得额		
10	税率(25%)		
11	应纳所得税额（9×10）		
12	减：减免所得税额（填写A201030）		
13	减：实际已缴纳所得税额		
14	减：特定业务预缴（征）所得税额		
15	本期应补（退）所得税额（11-12-13-14）\ 税务机关确定的本期应纳所得税额		
	汇总纳税企业总分机构税款计算		
16	总机构填报	总机构本期分摊应补（退）所得税额（17+18+19）	
17		其中：总机构分摊应补（退）所得税额（15×总机构分摊比例＿＿＿＿）	
18		财政集中分配应补（退）所得税额（15×财政集中分配比例＿＿＿＿）	
19		总机构具有主体生产经营职能的部门分摊所得税额（15×全部分支机构分摊比例＿＿＿＿×总机构具有主体生产经营职能部门分摊比例＿＿＿＿）	
20	分支机构填报	分支机构本期分摊比例	
21		分支机构本期分摊应补（退）所得税额	

附报信息			
小型微利企业	□是　□否	科技型中小企业	□是　□否
高新技术企业	□是　□否	技术入股递延纳税事项	□是　□否
期末从业人数			

附报信息			
高新技术企业	□是　□否	科技型中小企业	□是　□否
技术入股递延纳税事项	□是　□否		

按季度填报信息			
季初从业人数		季末从业人数	
季初资产总额（万元）		季末资产总额（万元）	
国家限制或禁止行业	□是　□否	小型微利企业	□是　□否

谨声明：此纳税申报表是根据《中华人民共和国企业所得税法》、《中华人民共和国企业所得税法实施条例》和国家有关税收规定填报的，是真实的、可靠的、完整的。

法定代表人（签章）：＿＿＿＿＿＿＿＿

谨声明：本纳税申报表是根据国家税收法律法规及相关规定填报的，是真实的、可靠的、完整的。

记账凭证

年 月 日 凭证编号：_____

摘要	借方科目	金额									贷方科目	金额								
		百	十	万	千	百	十	元	角	分		百	十	万	千	百	十	元	角	分
	合计																			

附单据 张

会计主管： 记账： 制单： 出纳： 缴款人

第八章　会计稽核岗位

一、会计稽核岗位认知

稽核是稽查和复核的简称，会计稽核工作是会计机构本身对会计核算工作进行的一种自我检查或审核工作，其目的在于防止会计核算工作中所出现的差错和有关人员的舞弊。财政部发布的《会计人员工作规则》规定，会计机构内部应当建立会计稽核工作岗位，稽核人员根据各单位的实际情况可以是专职人员，也可以是兼职人员。会计稽核包括账务稽核、财务稽核、总务人事稽核。本书根据实际需要主要描述的是财务稽核的工作。

会计稽核作为财务信息的“守门员”，要求会计稽核人员除具备会计人员的基本素质外，还要求具有：①丰富的工作经验。财务会计是一项实践性很强的技术工作，会计稽核人员既要掌握现代会计、财务、税法、金融、财政、计算机等方面的理论和技术，又要具有一定实践工作经验。一般而言，具有 2 年财会实践工作经验，并取得规定的会计资格证书的中高级会计人才可以胜任此职。②学习能力和适应能力强。随着市场的发展，企业财务会计电算化和 ERP、MIS 等系统的推广应用，对会计稽核人员的学习能力和适应能力提出了更高要求。会计稽核人员的适应能力是用人单位很看重的，适应能力包括用所学的理论知识适应实际工作情况的主动性，还包括能融洽地协调人际关系。③诚实、朴实、踏实。会计工作天天与金钱打交道，而目前我国很多企业财务内控制度不健全，往往会给一些心术不正之徒或经不起金钱诱惑之人带来可乘之机。因此，要求会计稽核人员必须具备很好的品行，诚实做人、朴实本分、不慕虚荣。会计工作往往是处理一些很烦琐的细节性问题，要求从业者必须踏踏实实、勤勤恳恳，有良好的心态，能够并愿意把一点一滴的小事做好。④细心谨慎。会计稽核工作与数字为伍，工作内容很细微却往往责任重大，因此必须细心谨慎。⑤良好的沟通能力。会计稽核部门一般是企业的一个综合性管理部门，要和企业内外方方面面的人进行接触，因此必须学会如何与别人沟通协调。良好的语言表达能力、逻辑思维能力和待人热情周到也是会计人员的基本素质要求。同时，还需要热爱本职工作，忠于职守，廉洁奉公，严守职业道德；认真学习国家财经政策、法令，熟悉财经制度；积极钻研会计业务，精通专业知识，掌握会计技术方法；严守法纪，坚持原则，执行有关的会计法规，维护国家利益，抵制一切违法乱纪、贪污盗窃的行为，要勇于负责，不怕得罪人，不怕打击报复；身体状况能够适应本职工作的要求。

二、会计稽核岗位工作标准

（一）岗位设置依据

会计稽核岗位是根据《会计法》和《会计基础工作规范》要求进行设置的内部工作制度而设置的工作岗位。

主要工作包括：

(1) 审核财务、成本、费用等计划指标项目是否齐全，编制依据是否可靠，有关计算是否正确，各项计划指标是否互相衔接等。审核之后应提出建议或意见，以便修改和完善计划与预算。

(2) 审核实际发生的经济业务或财务收支是否符合现行法律、法规、规章制度的规定。对审核中发现的问题，及时予以制止或者纠正。

(3) 审核会计凭证、会计账簿、财务会计报告和其他会计资料的内容是否真实、完整，计算是否正确，手续是否齐全，是否符合有关法律、法规、规章、制度的规定。

(4) 审核各项财产物资的增减变动和结存情况，并与账面记录进行核对，确定账实是否相符。不符时，应查明账实不符的原因，并提出改进的措施。

（二）有关制度规定

(1) 核算单位规定会计人员一岗多人的，制单人不得兼复核，一人多岗的可以兼任。

(2) 对原始凭证的审核、复核和监督。

①由会计人员对原始凭证进行审核、复核。入账前应根据公司制订的预算标准、审批资料、付款程序、文件及其他规定，复核其合理性、合法性、真实性及准确性。

②对不真实、不合法的原始凭证不予受理，对弄虚作假、严重违法的原始凭证，在不予受理的同时，应予以扣留，并及时向单位领导报告，请求查明原因，追究当事人的责任。

③对记载不准确、不完整的原始凭证予以退回，并要求经办人员更正、补充。

(3) 对会计账簿的管理监督。

①对所有会计账簿根据其性质不同指定专人登记，并定期检查、核对，发现问题及时处理，做到账证、账账、账实、账表相符。

(4) 对实物、款项的监督。

①坚持“管钱不管账，管账不管钱”的原则，出纳人员除现金、银行日记账外，不得兼管稽核，会计档案保管和收入、费用、债权债务账目的登记工作。出纳员应严格执行《会计法》中的现金管理制度，登记银行存款账、现金日记账，对会计凭证进行序时登记，做到日清月结，及时与银行核对，月末会同会计人员编制“银行余额调节表”。

②由仓管员或办公室指定专人对财产物资进行登记管理，严格执行财产的收发领

用制度，建立财产物资台账，并分别注明购买日期、产地、金额、数量、存放地点、保管人等。

③对财簿记录与实物、款项不符时，应当按照国家有关规定进行处理。

④对超出会计机构、会计人员职权范围的，应当立即向本单位领导报告，请求查明原因，作出处理。

⑤认真执行财产清查制度，分清责任，保护公共财产的安全、完整。

（5）对财务收支的监督、审核。

①对审批手续不全的财务收支，应当退回，要求补充、更正。

②对违反规定不纳入单位统一会计核算的财务收支，应当制止和纠正。

③对违反国家统一的财政、财务、会计制度规定的财务收支，不予办理。

④对认为是违反国家统一的财政、财务、会计制度规定的财务收支，应当制止和纠正；制止和纠正无效的，应当向单位领导人提出书面意见请求处理。

⑤对严重违反国家利益和社会公众利益的财务收支，应当向主管单位或者财政、审计、税务机关报告。

（6）对其他经济活动的监督。

会计机构、会计人员对违反单位内部会计管理制度，以及单位制定的预算、财务计划、经济计划、业务计划等的经济活动实行监督。

（7）配合搞好国家监督和社会监督。

必须依照法律和国家有关规定接受财政、审计、税务机关等单位的监督，如实提供会计凭证、会计账簿、会计报表和其他会计资料以及有关情况，不得拒绝、隐匿、谎报。

三、会计稽核岗位工作任务

工作任务项目	任务名称	任务描述
任务一	财务收支稽核	审查财务收支。根据财务收支计划和财务会计制度，逐笔审核各项收支，对计划外或不符合规定的收支，应提出意见，并向领导汇报，采取措施，进行处理。
任务二	原始凭证稽核	真实性和完整性。即审核经济业务事项的实质是否与经营范围相符，相关手续和凭据是否齐全。 合法性和合理性。审核有没有违反国家法律法规的规定，收支是否符合单位的各项管理制度。 及时性和正确性。取得凭证的时效符不符合规定，有没有超过会计结算期，凭证各项的填写是否规范，数量单价金额的计算是否正确。
任务三	记账凭证稽核	是否根据审核无误的原始凭证填制的，是否内容齐全、填写规范。 会计科目的运用及其对应关系是否正确。 所附原始凭证的张数和金额是否相符，借贷金额是否平衡。 相关责任人是否签字和盖章是否齐全。

续表

工作任务项目	任务名称	任务描述
任务四	会计账簿稽核	账簿的设置是否合法、适用。 是否根据审核无误的会计凭证记账，符不符合记账规则。 运用更正错误的方法是否规范。 账证、账账、账表是否相符。
任务五	会计报表稽核	是否根据完整无误的会计账簿及有关资料编制，报表格式是否统一。 账表是否相符，表与表之间的勾稽关系是否衔接。 审核报表是否数字真实、计数准确、内容完整、说明清楚。 相关责任人的签字和盖章是否齐全。

四、会计稽核岗位工作流程

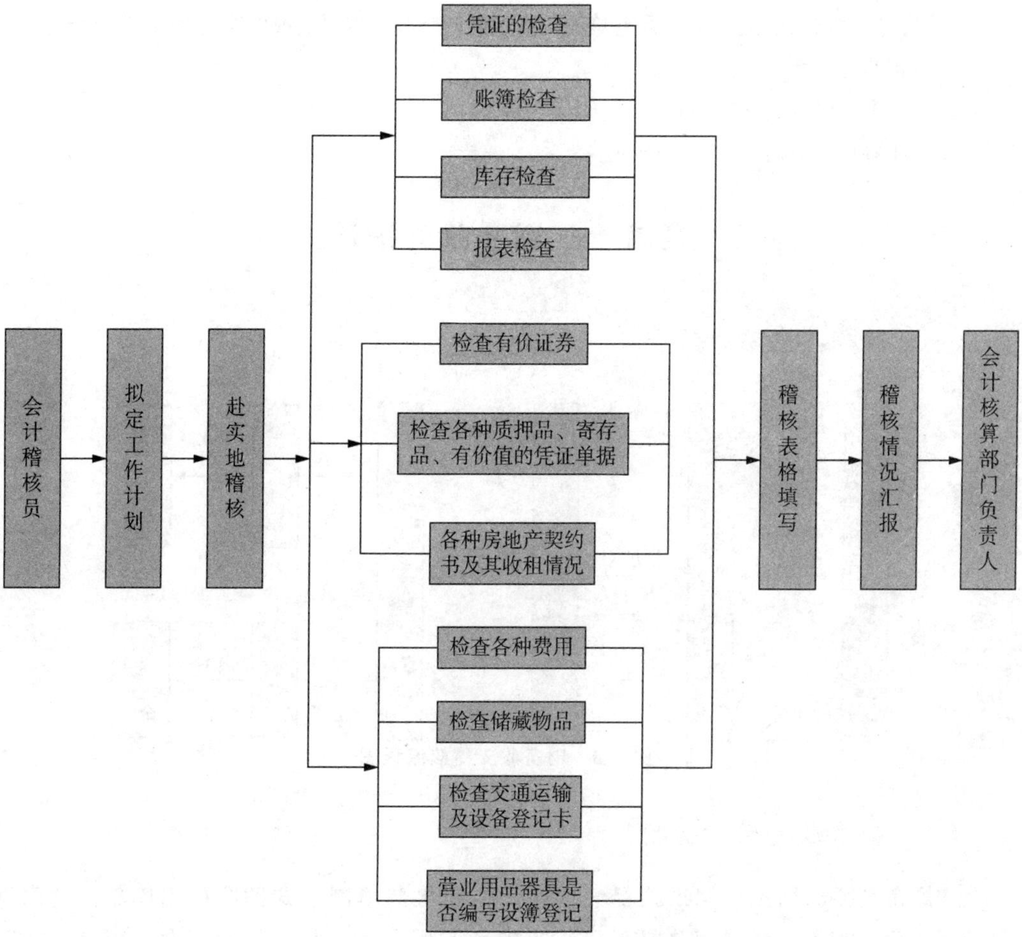

图 8-1　会计稽核岗位工作流程图

五、会计稽核岗位技能训练

1. 技能训练目的

通过布置任务的方式结合情景教学，使学生在完成稽核岗位某一项工作任务的同时学习到有关业务的理论知识及业务办理技能，即将理论知识点和技能操作融于任务教学中。帮助学生熟练掌握会计稽核岗位审核各项财务收支、原始凭证、记账凭证、账簿、报表业务的流程；掌握会计稽核岗位各项业务的方法与技巧；在业务训练中养成团队合作精神。

2. 技能训练要求

（1）认真分析各项经济业务，熟练掌握各项稽核业务法律法规；审核有关原始凭证、记账凭证和会计报表。

（2）根据稽核岗位职能，分组进行稽核业务办理情景仿真演练。

（3）根据有关财经制度和规定，审核企业各项收支。

（4）根据有关规定，审核原始凭证、记账凭证和会计报表。

(5) 将审核结果予以汇总，对需要修改的事项进行修改，需要上报事项上报给有关领导。

3. 技能训练设计

（1）形式：分组集中实训。

（2）时间：6学时。

任务一　财务收支稽核

（一）财务收支稽核流程

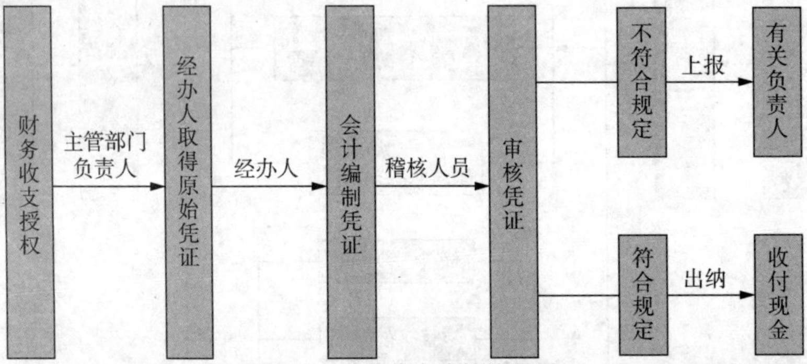

图 8-3　财务收支稽核流程图

（二）财务收支稽核运用

安顺市黄果树新创公司产成品发出时，由销售部填制一式四联的出库单。仓库发出产成品后，将第一联出库单留存登记产成品卡片，第二联销售部留存，第三、四联交会计部会计人员乙登记产成品总账和明细账。

要求：对该公司的流程存在问题进行分析。

分析要点：会计人员乙同时登记产成品总账和明细账，不相容职务未进行分离，应建议该公司由不同的会计人员登记产品总账和明细账。

任务二　原始凭证稽核

（一）原始凭证稽核流程

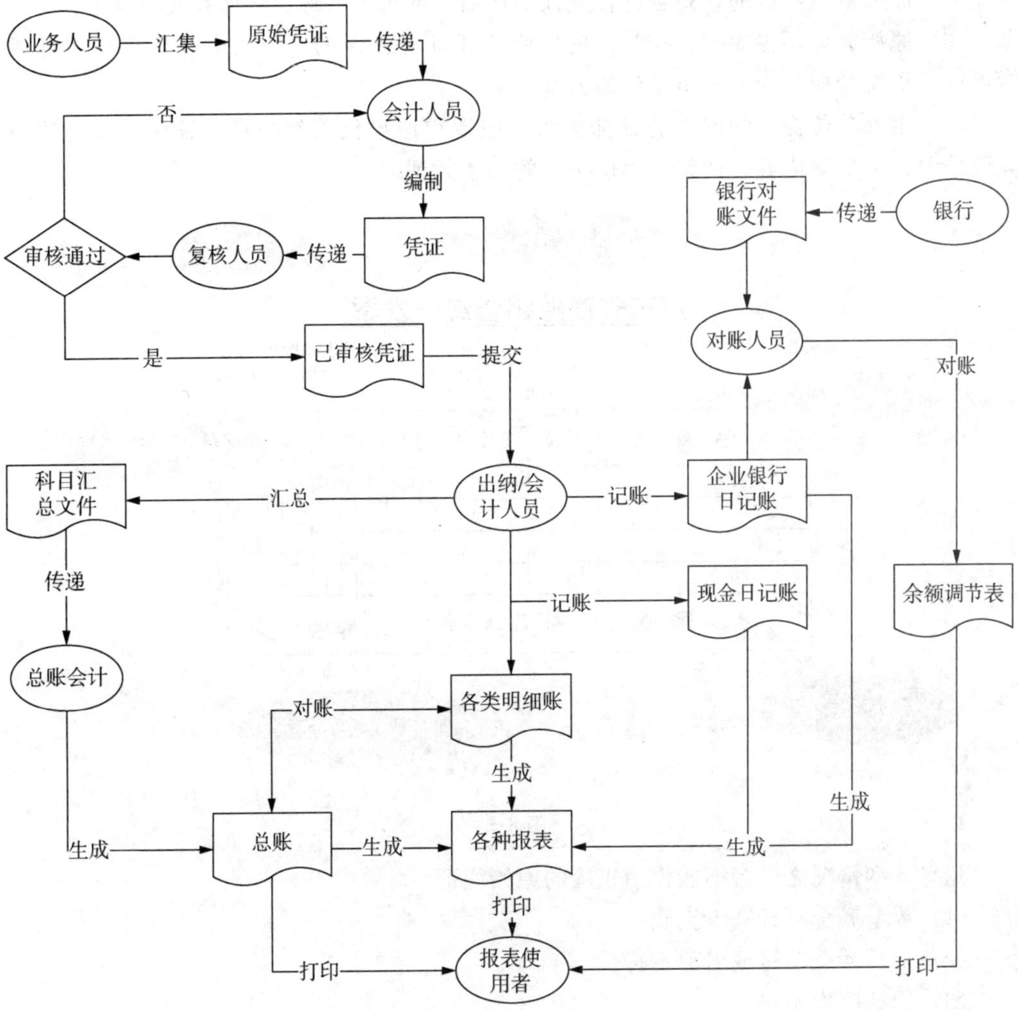

图 8-4　原始凭证稽核流程图

（二）原始凭证稽核主要内容

主要内容是真实性稽核、完整性稽核和合法性稽核三个方面。

(1) 原始凭证的名称，填制日期，填制单位名称或填制人姓名，接受单位名称，经济业务的内容，数量，接受单位名称是否正确。

（2）从外单位取得的原始凭证是否盖有填制单位公章；从个人取得的原始凭证必须有填制人员的签名或者盖章；自制原始凭证是否有单位领导人或指定人员签字或盖章；对外开出原始凭证是否已加盖本单位公章。

（3）稽核原始凭证的大小写金额是否相符。

（4）职工借款凭据，是否已附在记账凭证之后，收回借款时，应当另开收据，而不是退还原借款收据。

（5）经上级有关部门批准的经济业务，是否将批准文件作为原始凭证附件。如果批准文件需要单独归档的，是否已在凭证上注明批准机关名称、日期和文件字号。

（6）原始凭证不得涂改、挖补。发现原始凭证有错误的，应当由开出单位重开或者更正，更正处应当加盖开出单位的公章。

（7）由外单位提供的原始凭证如丢失，应取得原单位盖有公章的证明，并注明原凭证号码、金额等内容，严禁外单位提供的白条凭证。

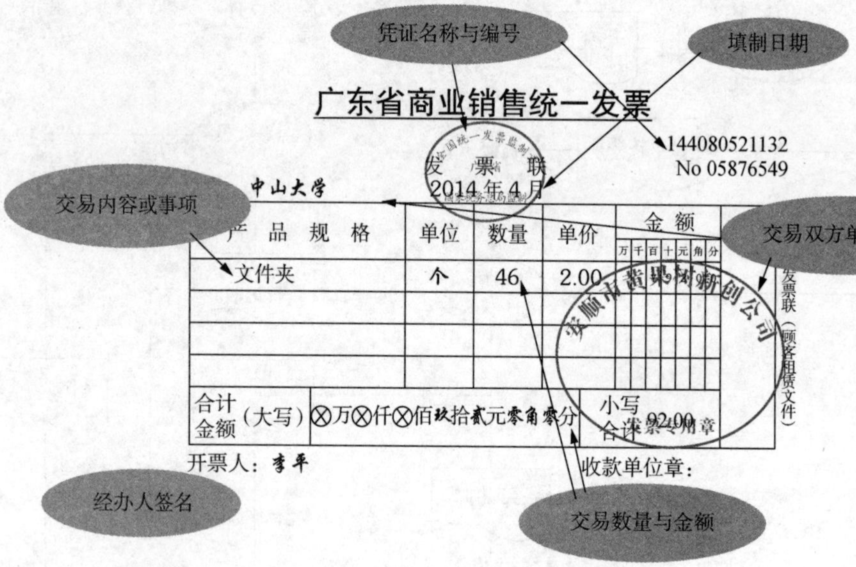

图 8-5

凡有下列情况之一者不能作为正确的原始凭证：

（1）数量和金额计算不正确。

（2）未写接受单位或名称不符。

（3）凭证联次不符。

（4）有污染、抹擦、刀刮和挖补等。

（5）多计或少计收入、支出、费用、成本。

（6）擅自扩大开支范围，提高开支标准。

（7）巧立名目，虚报冒领，违反规定出借公款公物。

（8）套取现金，签发空头支票。

（9）其他不符合财务收支规定的原始凭证。

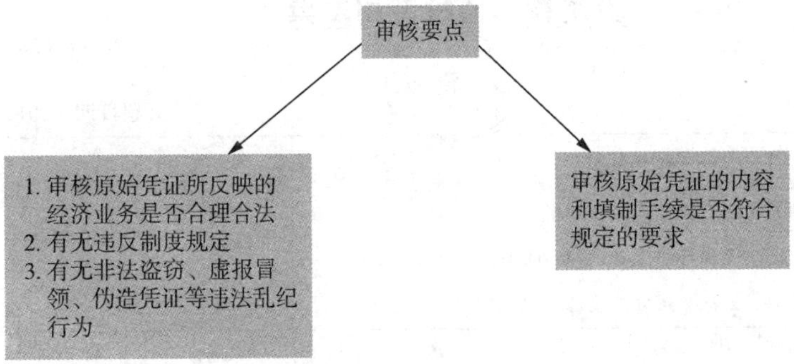

图 8-6

（三）原始凭证稽核运用

1. 票据类原始凭证稽核

6 月 5 日，开出转账支票 10 000 元，支付上月采购安顺物资总公司材料款。

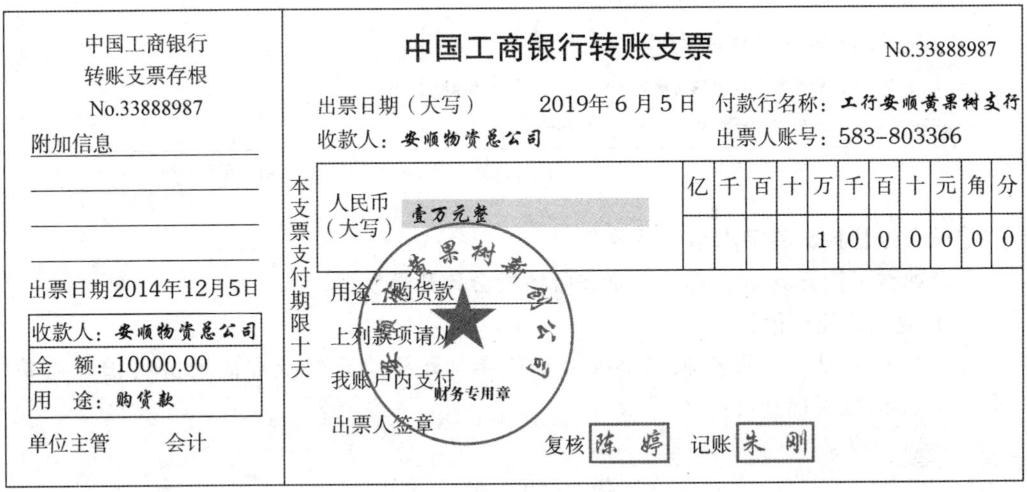

中国工商银行
转账支票存根
No.33888987
附加信息
出票日期2014年12月5日
收款人：安顺物资总公司
金　额：10000.00
用　途：购货款
单位主管　　会计

中国工商银行转账支票　　No.33888987
出票日期（大写）　2019年6月5日　付款行名称：工行安顺黄果树支行
收款人：安顺物资总公司　出票人账号：583-803366
本支票支付期限十天

人民币（大写）	亿	千	百	十	万	千	百	十	元	角	分
壹万元整					1	0	0	0	0	0	0

用途　购货款
上列款项请从
我账户内支付
出票人签章　财务专用章
复核 陈婷　记账 朱刚

稽核员在支票稽核时，发现以下几个问题：

①支票的出票日期应该大写；

②在小写金额前应加人民币符号；

③支票应加盖法人代表的私章；

④支票一般情况下不盖单位公章，而应盖本单位的财务专用章。

⑤复核 记账 银行填写，本单位人员不需要填写。

⑥支票存根会计　单位主管要签字。

⑦付款行名称应该填写完整。

2. 发票类原始凭证稽核

6 月 8 日，销售甲产品 500 件给贵阳市新添公司，开具增值税专用发票。

稽核员在稽核时，发现以下几个问题：

①对外销售发票没有加盖单位公章；

贵州省增值税专用发票

No 08305893

发票联

全国统一发票监制章 国家税务总局监制

开票日期：2019 年 6 月 8 日

购货单位	名 称：贵阳市新添公司 纳税人识别号：520102665113357 地 址 、电 话：贵阳市华东路88号 0851-37656898 开户行及账号：工行贵阳市华东办事处 3705				密码区	略	
货物或应税劳务名称	规格型号	单位	数量	单价	金额	税率	税额
甲产品		件	500	120	6000000	17%	1020000
合 计					¥6000000		¥1020000
价税合计（大写）	⊗柒万零贰佰元整				（小写）¥70200.00		
销货单位	名 称：安顺市黄果树新创公司 纳税人识别号：520423631112295 地 址 、电 话：安顺市黄果树城南路188号 0853-33765606 开户行及账号：工行安顺黄果树支行 583-803366				备注		

第一联：发票联 购买方核算采购成本和增值税进项税额的记账凭证

收款人：陈 婷　　复核：　　开票人：陈 婷　　销货单位：（章）

②没有经复核员签字出纳员就收款；

③出纳员不能开具销货发票，应该由销货会计开具发票。

3. 其他原始凭证稽核

（1）6 月 20 日，销售科职工李冰赴贵阳参加培训会，经批准向财务科借差旅费 2 000元，出纳员以现金付讫。

借 款 单

2019 年 6 月 20 日

部 门	销售科			借款事由	参加培训会		
借款金额	金额（大写）贰仟元　　¥ 2000						
批准金额	金额（大写）贰仟元　　¥ 2000						
领导签字		财务主管签字		稽核签字		借款人签字	李冰

稽核员在稽核该借款单时，发现以下问题：

①该业务没有按照借款单工作流程，出纳员在未经稽核和财务主管签字的情况下支付现金，违反了财务收支程序；

②出纳员支付现金后没有加盖“现金付讫”章。

（2）6 月 30 日，李冰出差回来报销差旅费，余款退回。

差旅费报销单

部门：销售科　　2019年6月30日

姓名		李冰			出差事由		参加培训会			自2019年6月20日 至2019年6月29日					共10天	
起讫时间及地点						车船票		夜间乘车补助费			出差补费			住宿费	其他	
月	日	起	月	日	讫	类别	金额	时间	标准	金额	日数	标准	金额	金额	摘要	金额
12	20	安顺	12	20	贵阳	客车	35				10	50	500	1200	公交	30
12	29	贵阳	12	29	安顺	客车	35									
小计							70						500	1200		30
合计金额（大写）：壹仟捌佰元整											¥					
备注：预借2000 核销1800 退200																

附单据共　张

单位领导：　　财务主管：　　审核：　　填报人：李冰

稽核员在稽核该原始凭证时，发现以下几个问题：

①报销单在单位领导、财务主管、审核尚未审核签字时，出纳已经办理了报销手续，不符合财务收支程序；

②报销金额没有小写合计；

③报销单没有附有关单证；

④出纳收到现金没有开具收据。

（3）6月30日，收到安顺黄果树集团公司捐赠小汽车一辆，交销售科使用。同时附原采购汽车有关资料，购买价12万，预计使用10年，已经使用4年。

固定资产验收交接单

No 0008757

2019年6月19日

资产编号	资产名称	型号规格或结构面积	计量单位	数量	设备价值或工程造价	设备基础及安装费用	附加费用	合计
	小汽车		辆	1	120 000元			120 000元
资产来源	捐赠	使用年限	10年		主要附属设备			
制作厂名		估计残值	5 000元					
制作日期		折旧率	11 500元					
使用部门		复杂系数						

交验部门：　　点交人：汪洋　　接管部门：　　接管人：

稽核员在该项业务稽核时，发现以下几个问题：

①固定资产交接表内项目没有填制完整（如使用部门）；

②折旧率计算错误；

③相关人员没有签章。

任务三　记账凭证稽核

（一）记账凭证稽核流程基本要求

1. 记账凭证填写只能用铅笔和蓝黑黑水书写，红色不能
2. 书写的位置和格工要规范在特殊情况下使用
3. 记账凭证填写内容要正确、完整。

差旅费报销单

部门：销售科　　　　2019 年 6 月 30 日

姓名		李冰			出差事由			参加培训会			自2019年6月20日 至2019年6月29日				共10天	
起讫时间及地点						车船票		夜间乘车补助费			出差补费			住宿费	其他	
月	日	起	月	日	讫	类别	金额	时间	标准	金额	日数	标准	金额	金额	摘要	金额
12	20	安顺	12	20	贵阳	客车	35				10	50	500	1200	公交	30
12	29	贵阳	12	29	安顺	客车	35									
小计							70						500	1200		30
合计金额（大写）：壹仟捌佰元整												¥				
备注：预借 2000 核销 1800 退 200																

附单据共　张

单位领导：　　　　财务主管：　　　　审核：　　　　填报人：李冰

图 8-7　记账凭证稽核流程图

（二）记账凭证稽核要素

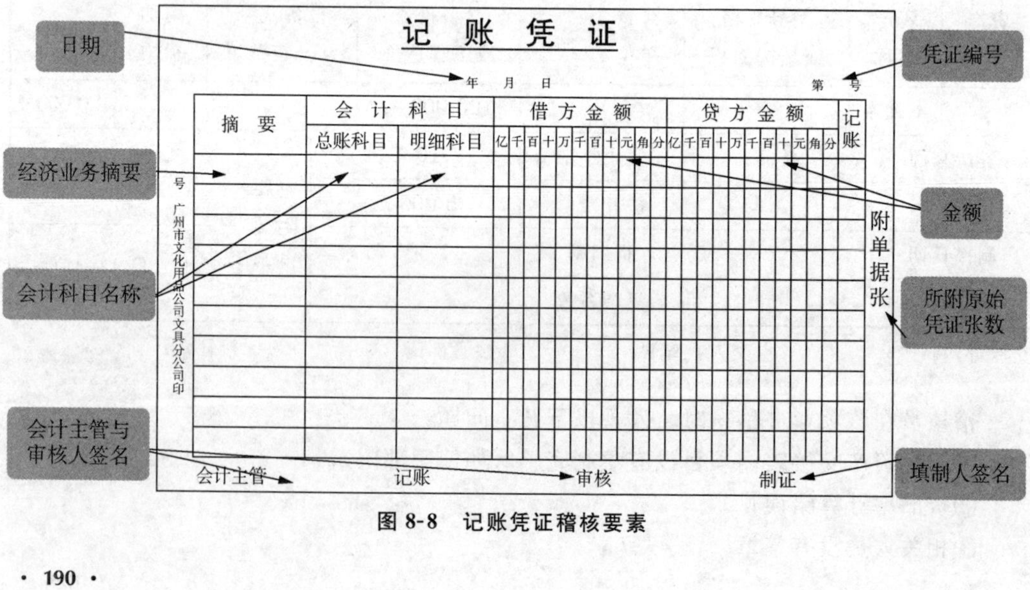

图 8-8　记账凭证稽核要素

1. 记账凭证稽核主要内容

（1）所附原始凭证是否完整，记账凭证内容与原始凭证记载的内容是否一致，记账凭证所附有原始凭证是否齐全、合法。

（2）记账凭证中会计分录是否正确，转账是否合理，借贷方数字是否相符。

（3）记账凭证中各项内容的日期、编号、业务摘要是否填写齐全、正确。

（4）应加盖的戳记及编号等手续是否完备，有关人员的签名或盖章是否齐全。（现金和银行存款的记账凭证是否已由出纳员签名或盖章。）

（5）有无涂改、伪造记账凭证现象。

2. 记账凭证稽核注意事项

（1）每一交易行为发生，是否按规定填制凭证，如有积压或事后补制者，应查明其原因。

（2）会计科目、子目、细目有无误用，摘要是否适当，有无遗漏、错误以及各项数字的计算是否正确。

（3）转账是否合理，借贷方数字是否相符。

（4）应加盖的戳记、编号等手续是否完备，有关人员的签章是否齐全。

（5）凭证所附原始凭证是否合乎规定、齐全、真实及手续是否完备。

（6）凭证编号是否连贯，有无重编、缺号现象，装订是否完整。

（7）凭证的保存方法及放置地点是否妥善，是否已登录日记簿或日记表。

（8）凭证的调阅及拆阅是否依照规定手续办理。

（三）记账凭证稽核运用

中国工商银行
转账支票存根
No. 33888982

附加信息

出票日期 2019年6月3日

收款人：	陈婷
金　额：	1500.00
用　途：	备用

单位主管　　会计

付款记账凭证

出纳编号：001

贷方科目：银行存款　　　　2019年6月3日　　　　凭证编号：

摘要	借方科目		金额										
	总账科目	明细科目	亿	千	百	十	万	千	百	十	元	角	分
提现备用	库存现金							1	5	0	0	0	0
		合计						1	5	0	0	0	0

附单据　张

会计主管：　　审核：　　记账：陈婷　　制单：朱刚　　出纳：陈婷

稽核员在对此项业务稽核时，发现以下几个问题：

①此付款记账凭证未经审核员审核签章；

②凭证编号未填；

③未填制原始凭证张数；

④金额合计前面没有加人民币符号；

⑤未登记的空白行未画线注销。

2. 6 月 30 日，保管员发来材料发去汇总表

材料发出汇总表

2019 年 6 月 31 日　　　　单位：元

领用部门	数量	单价	成本
生产甲产品用（A 材料）	53 000	17	901 000
生产乙产品用（B 材料）	15 000	23	345 000
出租（B 材料）	2 000	23	46 000
销售（A 材料）	10 000	17	170 000
合计			1 462 000

填制转账凭证如下：

转 账 凭 证

出纳编号：
凭证编号：081

2019年6月31日

摘要	借方科目		贷方科目		金额								
	总账科目	明细科目	总账科目	明细科目	百	十	万	千	百	十	元	角	分
领用原材料	生产成本	甲产品	原材料	A		9	0	1	0	0	0	0	0
	生产成本	乙产品	原材料	B		3	4	5	0	0	0	0	0
	营业成本		原材料	A			4	6	0	0	0	0	0
	其他业务成本		原材料	B		1	7	0	0	0	0	0	0
对方科目					1	4	6	2	0	0	0	0	0

附单据 张

会计主管： 记账：朱刚 制单：朱刚 出纳：陈婷

稽核员在对此项业务稽核时，发现以下几个问题：
①会计科目运用错误（销售材料应计入其他业务成本）；
②金额登记错误（出租与销售金额登记错位）；
③金额合计前应加人民币符号；
④附件张数未登记。

任务四　会计账簿稽核

（一）会计账簿稽核基本要求

正常情况下只能用钢笔和蓝、黑墨水书写，红色墨水只能在特殊情况下使用；
书写的位置和格式要规范；
不得隔页、跳行登记；
不得任意撕毁，对活页式账簿也不得任意抽换账页；
须以审核无误的会计凭证为依据；
更正错误不得采取任意刮擦、挖补、涂改或用退色药水等方法。

（二）会计账簿稽核内容

（三）会计账簿稽核注意事项

（1）各种账簿的记载，是否与记账凭证相符；应复核者，是否已复核；每日应记的账，是否当日记载完毕。

（2）现金收付日记账的收付总额，是否与库存表当日收付金额相符。

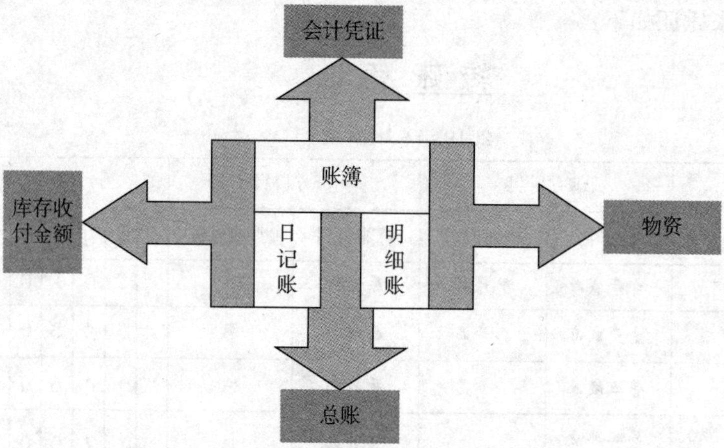

图 8-9　会计账簿稽核内容

(3) 各科目明细分类账户或子目之和，是否与总分类账各该科目之余额相等，是否按日或定期核对；相对科目之余额是否相符，有无漏转现象。

(4) 各种账簿记载错误的纠正画线、结转、转页等手续，是否依照规定办理；误露的空白账页，有否画“×”形红线注销，并由记账员及主办会计人员在“×”处盖章证明。

(5) 各种账簿启用、移交及编制明细账目等，是否完备。

(6) 各种账簿有无经核准后而自行改订者。

(7) 活页账页的编号及保管，是否依照规定手续办理；订本式账簿有无缺号。

(8) 旧账簿内未用的空白账页，有无加画线或加盖“空白作废”戳记注销。

(9) 各种账簿的保存方法及放置地点，是否妥善，是否登记备忘簿；账簿的毁销，是否依照规定期限及手续办理。

（四）会计账簿稽核运用

2019 年 6 月 16 日，缴纳上月增值税 12 000 元，编制会计分录为：

借：应交税费——应交增值税（已交税金）　　12 000

　贷：银行存款　　12 000

登记的增值税明细账如下。

应交增值税明细账

2019 年		凭证		摘要	借方					贷方					借或贷	余额
月	日	种类	编号		合计	进项税额	已交税金	出口抵减内销产品应纳税额	转出未交增值税	合计	销项税额	出口退税	进项税额转出	转出多交增值税		
12	16	记	1053	缴税	12 000		12 000								借	12 000

稽核员在稽核应交税金账户时，发现以上业务有以下问题：

缴纳上月增值税应计入“应交税费——未交增值税”账户，而不能计入“应交税费——应交增值税——已交增值税”账户。

任务五 会计报表稽核

（一）会计报表稽核关系和内容

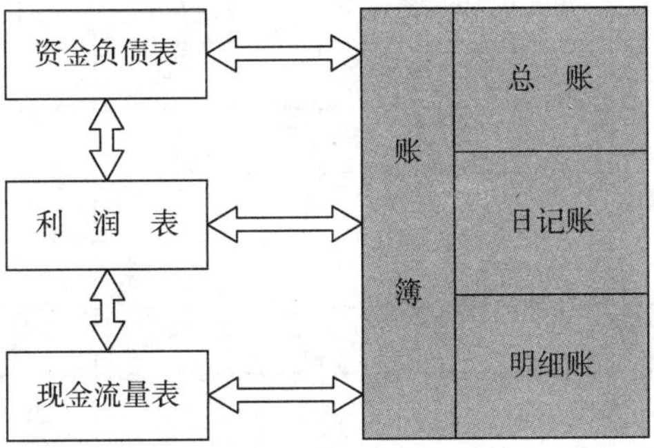

图 8-10 会计极表稽核关系和内容

（二）会计报表稽核运用

2019 年安顺市黄果树新创公司资产负债表“存货”项目为 85 000 元，稽核员查阅有关的会计账户：“库存材料”12 800 元，“周转材料”2 200 元，“库存商品”36 000 元，“生产成本”18 000 元，“材料采购”15 000 元，“材料成本差异”贷方 1 000 元。

稽核员核对总账与明细账，发现存货多记录 2 000 元。

安顺市黄果树创新有限公司

内部稽核总结报告表

稽核原因：□ 年度 第 次例行内部稽核 □ 特殊需求：			编号： 日期：
稽核日期：自 年 月 日 至 年 月 日			总页数：
稽核员	负责稽核单位	稽核员	负责稽核单位

续表

稽核结果：请参考附件查检表。

受稽核单位	稽核项数	OK	NG	NA	受稽核单位	稽核项数	OK	NG	NA